GUÍA DEL JUEGO OBLIVION REMASTERED 2025

Explora, conquista y conviértete en el héroe definitivo de Cyrodiil

WESTSIDE EVA

DESCARGO DE RESPONSABILIDAD

Esta guía es un recurso completo para *Olvido remasterizado* y está destinado a ayudar a los jugadores a explorar el contenido del juego, lograr completarlo al 100% y dominar sus diversos estilos de juego. Si bien se ha hecho todo lo posible para proporcionar información precisa y útil, tenga en cuenta que las actualizaciones, parches o herramientas de modificación del juego pueden alterar ciertas mecánicas y características. El uso de modificaciones y comandos de la consola queda a su propia discreción y el autor no es responsable de ningún problema causado por modificaciones de terceros o errores de juego.

TABLA DE CONTENIDO

4

INTRODUCCIÓN

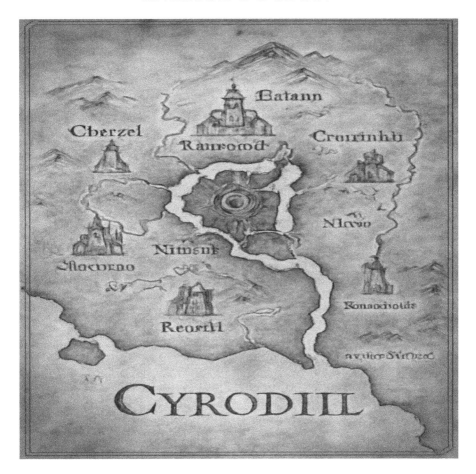

The Elder Scrolls IV: Oblivion es uno de los juegos de rol más queridos de su tiempo, que sumerge a los jugadores en el vasto y abierto mundo de Tamriel. Con la versión remasterizada, Oblivion Remastered, los fanáticos del juego original no solo disfrutaron de imágenes mejoradas, sino que también recibieron mejoras sustanciales en la jugabilidad, el rendimiento y la inmersión, llevando este clásico a un nuevo nivel.

Gráficos mejorados

En primer lugar, Oblivion Remastered ha recibido un importante lavado de cara con mejoras gráficas que dan nueva vida al juego. Si bien Oblivion era conocido por sus gráficos de vanguardia cuando se lanzó por primera vez en 2006, la edición remasterizada aprovecha al máximo la tecnología moderna. Los jugadores notarán inmediatamente modelos de personajes más detallados, texturas más claras y entornos vibrantes. Las vistas distantes que parecían borrosas en el juego original ahora aparecen nítidas y llenas de profundidad, lo que se suma al ya expansivo mundo del juego.

Una de las actualizaciones gráficas más impresionantes es el sistema de iluminación. La edición remasterizada introduce técnicas de iluminación avanzadas que hacen que los entornos se sientan más dinámicos y vivos. Los ciclos día-noche son más llamativos visualmente y la forma en que la luz juega con los paisajes realza la sensación de inmersión. El sol proyecta sombras largas y nítidas sobre la tierra, mientras que las mazmorras y cuevas son más oscuras y llenas de una sensación de misterio. Los reflejos en el agua, los efectos climáticos y el uso de oclusión ambiental enriquecen aún más la experiencia visual, haciendo de Oblivion Remastered una aventura visualmente más impresionante.

Mejoras de rendimiento

La segunda mejora clave de Oblivion Remastered radica en el rendimiento del juego. El juego original, si bien fue innovador para su época, tuvo problemas como bajas velocidades de cuadros, tiempos de carga prolongados y fallas ocasionales, especialmente cuando se ejecuta en sistemas modernos. La versión remasterizada aborda muchos de estos problemas y proporciona una jugabilidad más fluida. Las velocidades de fotogramas son más estables y las largas pantallas de carga se han reducido significativamente, lo que hace que la experiencia sea mucho menos discordante.

La edición remasterizada también mejora la estabilidad, reduciendo la probabilidad de bloqueos y congelaciones durante momentos intensos del juego, como durante grandes batallas o al explorar el extenso mundo de Cyrodiil. Está claro que los desarrolladores han dedicado tiempo a optimizar el juego para que se ejecute de manera eficiente en sistemas modernos, asegurando que los jugadores puedan disfrutar de una experiencia fluida e ininterrumpida, incluso en las áreas más exigentes del juego.

Mecánica de juego: mejoras y nuevas características

Oblivion Remastered trae no solo mejoras visuales y de rendimiento, sino también algunos cambios importantes en el juego. La mecánica principal sigue siendo la misma que la original, pero se han realizado varias mejoras para mejorar la experiencia general.

Una de las actualizaciones más notables es el sistema de combate. Si bien el Oblivion original presentaba un modelo de combate antiguo que a menudo fue criticado por ser repetitivo, la edición remasterizada hace que el combate parezca más dinámico. Nuevas animaciones, transiciones de combate más fluidas y una mejor detección de golpes aportan más fluidez a las batallas. La magia también se siente más impactante, con efectos visuales más claros y una sensación de poder más profunda al lanzar hechizos.

La versión remasterizada mejora la progresión del personaje. El sistema de nivelación se ha perfeccionado para brindar una experiencia más satisfactoria y ofrecer a los jugadores más control sobre cómo evoluciona su personaje. Ya sea centrándose en la magia, el combate o el sigilo, los jugadores ahora tienen más formas de moldear su personaje para adaptarlo a su estilo de juego personal.

La introducción de contenido adicional y mejoras en la calidad de vida, como una gestión de inventario más rápida, un seguimiento de misiones refinado y un comportamiento mejorado de los NPC, hacen que la experiencia general de jugar Oblivion Remastered sea mucho más atractiva y accesible.

Cómo utilizar esta guía: navegación por la guía, consejos para principiantes y jugadores avanzados y una descripción general de la estructura

Esta guía ha sido diseñada pensando tanto en los recién llegados como en los veteranos experimentados. Ya sea que estés comprando Oblivion Remastered por primera vez o volviendo a visitar el mundo de Cyrodiil, esta guía te acompañará durante todo tu viaje, asegurándote de que aproveches al máximo tu experiencia.

Navegando por la guía

La estructura de esta guía ha sido cuidadosamente diseñada para brindarle a usted, el jugador, la experiencia más fluida. Cada capítulo está dividido en secciones específicas diseñadas para cubrir diferentes aspectos del juego, comenzando con lo básico y avanzando hacia estrategias más avanzadas. Comenzamos con una introducción al mundo de Oblivion, incluida la historia, los personajes y la mecánica del juego, antes de sumergirnos en estrategias detalladas para misiones, combates, gremios y más. A lo largo de la guía, encontrarás tutoriales paso a paso, creación de personajes, consejos de combate y discusiones en profundidad sobre los sistemas del juego.

Si eres principiante, te recomendamos comenzar con los primeros capítulos, donde te guiaremos a través de los conceptos básicos del juego, como la creación de personajes, la comprensión de las mecánicas de combate y la familiarización con el mundo. Si eres un jugador experimentado, puedes pasar a temas más avanzados, como creación de personajes, estrategias para misiones de alto nivel y tácticas de combate.

Consejos para principiantes

Para los nuevos jugadores, Oblivion Remastered puede parecer abrumador al principio debido a su mundo expansivo y sus complejos sistemas. Esta guía ofrecerá consejos útiles para que sus primeros pasos en Cyrodiil sean mucho más sencillos. Desde crear el personaje ideal hasta afrontar tus primeras misiones, te guiaremos en cada paso del camino. Aquí hay una breve descripción general de lo que puede esperar:

- **Creación de personajesn:** La primera elección que harás en Oblivion es elegir la raza, clase y signo de nacimiento de tu personaje. Esta guía te ayudará a elegir la combinación óptima según tu estilo de juego preferido, ya sea que quieras centrarte en el combate, la magia o el sigilo.

- **Primeros pasos con Cyrodiil:** Te guiaremos a través de las primeras secciones del juego, mostrándote cómo completar las primeras misiones, administrar tu inventario y comenzar a explorar el vasto mundo.

- **Entendiendo el combate:** Como principiante, el combate puede resultar desafiante al principio. Esta guía explicará cómo utilizar eficazmente el cuerpo a cuerpo, la magia y el sigilo a tu favor, haciendo que las batallas sean más manejables y divertidas.

Consejos para jugadores avanzados

Para aquellos que ya han pasado algún tiempo en Cyrodiil, esta guía proporcionará estrategias avanzadas para maximizar el potencial de su personaje. Ya sea que estés buscando perfeccionar la construcción de tu personaje, emprender misiones de alto nivel o derrotar a jefes duros, esta guía ofrecerá consejos de expertos y tácticas detalladas para llevar tu juego al siguiente nivel.

- **Técnicas de combate avanzadas:** Aprenda a encadenar movimientos de combate, maximizar el daño y utilizar el entorno a su favor durante las batallas.

- **Construcciones especializadas:** Profundizaremos en las mejores configuraciones de personajes para juegos de alto nivel, enfocándonos en cómo desarrollar al mago, guerrero o ladrón más poderoso, así como configuraciones híbridas para jugadores a quienes les gusta la flexibilidad.

- **Explorando el final del juego:** Para los jugadores avanzados, los guiaremos a través de las etapas finales del juego, brindándoles consejos para completar las misiones más desafiantes, derrotar a los jefes finales y lograr completar el 100%.

Novedades de la edición remasterizada: descripción general de las actualizaciones, cambios y mejoras con respecto al juego original

Cuando se anunció Oblivion Remastered, los fanáticos del juego original estaban ansiosos por ver cómo los desarrolladores llevarían un juego de rol clásico a la era moderna. El resultado es un juego que mejora todo lo que hizo grande a Oblivion y al mismo tiempo realiza mejoras cruciales que elevan la experiencia.

Revisión de gráficos

Una de las mejoras más obvias de Oblivion Remastered es la mejora visual. La edición remasterizada aprovecha al máximo las tecnologías gráficas modernas, lo que hace que el juego se vea mucho mejor que cuando se lanzó por primera vez. Los personajes, entornos y animaciones son más detallados, con texturas más nítidas y efectos de iluminación más dinámicos que le dan al juego una sensación más fresca e inmersiva. El mundo de Cyrodiil ahora parece más vibrante y vivo, gracias a efectos climáticos mejorados, renderizado de agua y texturas ambientales.

Audio mejorado

Si bien Oblivion siempre fue elogiado por su diseño de sonido atmosférico, Oblivion Remastered va un paso más allá con una calidad de audio mejorada. Los sonidos ambientales de la naturaleza, el choque de espadas, el canto de hechizos, todo se ha mejorado para ofrecer una experiencia auditiva más rica. La actuación de voz, que ya era excepcional, se actualizó con nuevas grabaciones y una mejor sincronización con los eventos del juego, lo que hace que las interacciones con los NPC se sientan más naturales.

Mejoras en el juego

Más allá de las mejoras visuales y de audio, Oblivion Remastered también perfecciona muchas de las mecánicas de juego. El sistema de combate se ha suavizado con nuevas animaciones y una mejor detección de golpes, lo que hace que las peleas sean más satisfactorias y fluidas. El sistema de nivelación se ha modificado para lograr un mejor equilibrio, lo que facilita afinar el desarrollo de tu personaje sin sentirte abrumado o decepcionante en ningún momento. Además, hay mejoras en los sistemas de gestión de misiones e inventario, lo que facilita el seguimiento de los objetivos y la organización del botín.

Corrección de errores y estabilidad

Otra mejora importante es la eliminación de errores que plagaban la experiencia original de Oblivion. Se han solucionado fallos, fallos y problemas de IA que eran comunes en el original, lo que hace que Oblivion Remastered sea una experiencia mucho más estable y pulida. Con un rendimiento más fluido, menos fallos y una mejor optimización para el hardware moderno, la edición remasterizada garantiza una experiencia de juego más agradable, especialmente para los jugadores que hayan experimentado problemas técnicos en el pasado.

Nuevo contenido

La edición remasterizada también viene con contenido adicional, que incluye nuevas misiones, armas, armaduras y NPC. Estas incorporaciones dan nueva vida al juego y ofrecen nuevos desafíos para los jugadores veteranos. La remasterización incluso incluye algunas características actualizadas que no formaban parte del Oblivion original, como soporte ampliado para modificaciones, lo que permite a los jugadores personalizar aún más su experiencia.

Consejos para principiantes: consejos iniciales de juego, creación de personajes y comienzo en Cyrodiil

Como principiante en Oblivion Remastered, la magnitud del juego puede resultar desalentadora al principio. Sin embargo, con el enfoque correcto, aprenderás rápidamente cómo navegar por el mundo de Cyrodiil, desarrollar tu personaje y disfrutar de todo lo que el juego tiene para ofrecer.

Consejos para la creación de personajes

Tu viaje comienza con la creación del personaje y esta es una de las decisiones más importantes que tomarás en el juego. Tu raza, clase y signo de nacimiento afectarán significativamente tu estilo de juego, por lo que es esencial elegir con cuidado.

- **Carrera:** Cada raza en Oblivion tiene sus propias bonificaciones y habilidades únicas. Por ejemplo, si buscas un personaje que destaque en la magia, los Altos Elfos o los Bretones son excelentes opciones. Si prefieres el juego basado en el sigilo, los Khajiit o Argonian son ideales con sus bonificaciones al sigilo y al sigilo. Para el combate cuerpo a cuerpo, los nórdicos y los orcos son buenas opciones debido a sus bonificaciones a las habilidades de combate.

- **Clase:** Hay clases preestablecidas para elegir, como Guerrero, Mago, Ladrón y combinaciones como Spellsword o Nightblade. Alternativamente, puedes crear una clase personalizada adaptada a tu estilo de juego preferido. Si quieres centrarte en la magia, elige una clase que te dé acceso a todas las escuelas de hechizos. Para aquellos que prefieren el combate, una clase de guerrero personalizada puede brindarles los atributos y habilidades adecuados.

- **Signo de nacimiento**: Su signo de nacimiento proporciona beneficios pasivos adicionales. Por ejemplo, el signo de nacimiento del Mago aumenta tu Magicka, mientras que el signo de nacimiento del Guerrero aumenta tus habilidades de combate. Elige un signo de nacimiento que complemente tu estilo de juego deseado.

Comenzando en Cyrodiil

Una vez que hayas creado tu personaje, comenzarás tu viaje en la Prisión Imperial. Tras escapar, la verdadera aventura comienza en Cyrodiil. Desde el principio, es importante tomarse el tiempo para explorar y familiarizarse con el mundo. No te apresures a realizar la misión principal de inmediato: hay muchas misiones secundarias, gremios a los que unirte y tesoros escondidos que descubrir.

Concéntrate en subir de nivel a tu personaje completando misiones más pequeñas, explorando mazmorras y recolectando botín. Esto te dará una base sólida para abordar las áreas más desafiantes más adelante en el juego. Si no estás seguro de adónde ir, intenta unirte a uno de los gremios temprano, ya que ofrecen misiones estructuradas que te ayudarán a subir de nivel y te brindarán acceso a recompensas únicas.

Administre su inventario con cuidado. El mundo del juego está lleno de objetos valiosos, pero tendrás que equilibrar lo que llevas para evitar sobrecargarte. Sea estratégico con lo que guarda en su inventario y venda artículos no deseados para obtener oro.

Este contenido proporciona una introducción detallada y amigable para principiantes a Oblivion Remastered, asegurando que los nuevos jugadores tengan las herramientas y la información que necesitan para comenzar su aventura en Cyrodiil.

CAPÍTULO 1

EMPEZANDO

Creando tu personaje: raza, clase, habilidades y signos de nacimiento: cuál elegir según tu estilo de juego preferido

The Elder Scrolls IV: Oblivion Remastered te permite crear un personaje que se ajuste a tu estilo de juego preferido, desde el astuto asesino hasta el poderoso guerrero o el poderoso mago. La edición remasterizada hace que este proceso sea aún más inmersivo con gráficos actualizados y sistemas más fluidos. Sin embargo, el proceso de creación de personajes sigue siendo muy importante ya que da forma a toda tu experiencia en Cyrodiil. En esta sección, te guiaremos a través de las elecciones esenciales que deberás tomar y cómo estas elecciones afectarán tu juego.

Raza: tu herencia y tus habilidades

La primera elección importante que haces es seleccionar la raza de tu personaje. Cada raza en Oblivion tiene bonificaciones y habilidades únicas, que afectan las estadísticas iniciales de tu personaje, así como sus fortalezas y debilidades a lo largo del juego. Aquí hay un desglose de cada carrera y sus ventajas:

- **Bretón:** Conocidos por su fuerte resistencia a la magia y su habilidad natural con los hechizos, los bretones son excelentes magos o construcciones híbridas. Su habilidad Highborn regenera Magicka rápidamente, ayudándoles a lanzar más hechizos en menos tiempo. También tienen bonificaciones de

Conjuración, Misticismo y Restauración.

- **Norte:** Duros y fuertes, los nórdicos sobresalen en el combate físico, particularmente cuando usan armas a dos manos o armaduras pesadas. Su resistencia a la magia helada es una buena ventaja para sobrevivir en zonas más frías, y su especialización en Guerrero les da una ventaja en el combate directo. Los nórdicos son perfectos para jugadores que quieren un personaje clásico estilo tanque.

- **Khajiita:** La raza felina de Khajiit aporta una agilidad y destreza inigualables, lo que los convierte en la raza sigilosa y ladrona definitiva. Su capacidad para ver en la oscuridad (Night Eye) es de gran ayuda a la hora de escabullirse, y su alta velocidad inicial los hace perfectos para jugadores centrados en el sigilo o el tiro con arco. Son geniales para jugadores que disfrutan de los ataques furtivos o los robos.

- **argoniano:** Los reptiles argonianos son naturalmente hábiles en el sigilo y la natación. Son resistentes a enfermedades y toxinas, lo que los hace ideales para aventuras en los duros entornos de Oblivion. Sus altas estadísticas de resistencia y agilidad les permiten ser fuertes ladrones, guerreros o asesinos sigilosos. La habilidad Histskin les da un impulso de curación una vez al día, un rasgo útil durante las batallas difíciles.

- **Elfo Oscuro (Dunmer):** Un equilibrio entre magia y combate cuerpo a cuerpo, los Elfos Oscuros son expertos en blandir hechizos y espadas destructivos por igual. Sus altos atributos iniciales en agilidad e inteligencia los hacen flexibles y completos. Su habilidad racial, Ancestor's Wrath, desata un feroz ataque contra los enemigos cercanos, útil tanto para el ataque como para la defensa.

- **Alto Elfo (Altmer):** Los Altos Elfos son conocidos por sus habilidades mágicas superiores. Su mayor reserva de Magicka y su habilidad natural en magia destructiva y hechizos de alteración los convierten en una opción poderosa para aquellos que desean ejercer toda la fuerza de la magia. Sin embargo, son más débiles físicamente, lo que los hace menos adecuados para el combate en primera línea a menos que se complementen con habilidades mágicas.

- **Elfo del Bosque (Bosmer):** Si quieres centrarte en el tiro con arco, el Wood Elf es tu mejor opción. Su gran agilidad, su capacidad de sigilo y su afinidad natural por el tiro con arco los convierten en cazadores excepcionales. También son buenos para escabullirse y usar arcos para acabar con los enemigos a distancia.

- **Imperial:** Con un equilibrio entre habilidades físicas y mágicas, la raza Imperial es versátil, lo que la convierte en una excelente opción para cualquier estilo de juego. Destacan en su habilidad para hablar, lo que los hace excelentes para hacer trueques y ganar dinero en Oblivion. Su poder de voz (Voz del Emperador) calma a los enemigos, lo que puede resultar útil a la hora de navegar por el mundo.

Una vez que hayas elegido tu carrera, también deberás decidir una clase. Si bien el juego ofrece clases prediseñadas (como Guerrero, Mago y Ladrón), también puedes crear tu propia clase personalizada. Tu selección de clase define las habilidades principales de tu personaje, que contribuyen a subir de nivel y adquirir habilidades.

- **Guerrero:** Ideal para el combate físico, esta clase se especializa en luchar, bloquear y usar armaduras pesadas.

- **mago**: Maestros de la magia, especializados en magia de destrucción, alteración y restauración.

- **Ladrón:** Excelentes para sigilo, robo y combate a distancia, lo que los hace ideales para personajes astutos y a distancia.

Habilidades y signos de nacimiento: en qué centrarse

Tus habilidades representan las fortalezas específicas de tu personaje. Estos pueden estar relacionados con el combate (como espada o tiro con arco), magia (como destrucción o restauración) o sigilo (como furtivo o abrir cerraduras). En la pantalla de creación, tendrás la opción de elegir habilidades mayores y menores que ayudarán a definir el crecimiento de tu personaje. Concéntrate en las habilidades que se alinean con tu estilo de juego; si eres un guerrero, por ejemplo, concentrarte en habilidades como Espada y Bloqueo es una decisión inteligente.

El signo de nacimiento es otra elección crucial, que te otorga un beneficio pasivo durante todo el juego. Algunas de las señales de nacimiento más útiles incluyen:

- **El guerrero**r: Aumenta la fuerza y las habilidades de combate, ayudándote en el combate físico. ·

- **El mago: yo**Aumenta la regeneración de Magicka, ayudando en el lanzamiento de hechizos.

- **El ladrón:** Mejora tus habilidades de sigilo y tu suerte, ideal para aquellos que buscan escabullirse por el mundo.

Cada una de estas decisiones afecta significativamente tu juego de Oblivion.

Comprensión de la interfaz: HUD, menús, gestión de inventario

La interfaz de usuario (UI) de Oblivion Remastered está diseñada para mantener al jugador inmerso en el mundo del juego, ofreciendo distracciones mínimas pero proporcionando toda la información esencial. Comprender cómo navegar por la interfaz es esencial para disfrutar del juego y completar misiones de manera eficiente.

El HUD (pantalla de visualización frontal):

El HUD proporciona la información clave necesaria durante el juego sin saturar la pantalla. Incluye los siguientes elementos:

- **Salud:** Se muestra como una barra roja en la parte inferior izquierda de la pantalla. Si tu salud llega a cero, tu personaje muere.

- **Magia:** Representado por una barra azul, esto indica la cantidad de magia que te queda para lanzar hechizos. Ten en cuenta el uso de Magicka durante el combate.

- **Aguante**: La barra amarilla rastrea tu resistencia. Correr, saltar y atacar en combate cuerpo a cuerpo consumen resistencia. Gestionar la resistencia es crucial para evitar el agotamiento en la batalla.

La brújula en la parte superior de la pantalla muestra ubicaciones cercanas, marcadores de misiones y enemigos. Es una herramienta invaluable para navegar por el mundo de Cyrodiil y completar misiones.

Menús y Gestión de Inventario:

Tu inventario es donde almacenarás armas, armaduras, pociones y otros artículos. Está dividido en diferentes secciones, que incluyen:

- **Armas:** EEquipa a tu personaje con espadas, hachas, arcos y más.
- **Armadura:** Personaliza el equipo defensivo de tu personaje, eligiendo entre armadura ligera o pesada.
- **Magia:** Guarda tus hechizos aquí para acceder fácilmente durante el combate.
- **Misceláneas**: Artículos como ingredientes para alquimia, libros y artículos de misión.

Puede acceder a su inventario presionando el botón apropiado en el menú. Ordenar y administrar tu inventario de manera efectiva te ayudará a evitar sobrecargarte, lo que puede ralentizar a tu personaje. Vende o suelta artículos no deseados para dejar espacio para un botín valioso.

Menús mágicos y de diario:

El menú mágico te permite seleccionar y lanzar hechizos. Es esencial mantener organizado su libro de hechizos y asignar hechizos de uso frecuente a teclas de acceso rápido para facilitar el acceso. El diario realiza un seguimiento de tus misiones y muestra objetivos activos, ubicaciones y cualquier nota relacionada con las misiones que hayas emprendido.

Controles básicos: explicación de las mecánicas de movimiento, combate, magia y sigilo

Los controles de Oblivion Remastered son intuitivos, aunque ofrecen profundidad para jugadores expertos. Ya sea que estés explorando la naturaleza o participando en un acalorado combate, comprender cómo usar los controles de manera efectiva es crucial.

Movimiento:

El movimiento en Oblivion es fluido, ya sea que camines, corras, nades o trepes. El joystick analógico izquierdo o las teclas WASD controlarán la dirección de tu personaje, mientras que el gatillo izquierdo o la barra espaciadora te permitirán correr y consumir energía.

El juego también ofrece la posibilidad de saltar (lo que puede resultar útil para acceder a zonas de difícil acceso) y nadar en cuerpos de agua, lo que permite a los jugadores explorar las profundidades de Cyrodiil. Dominar el mapa y la brújula es esencial para desplazarse rápidamente por grandes áreas.

Mecánica de combate:

El combate en Oblivion Remastered es dinámico y variado, lo que te permite empuñar una variedad de armas, magia e incluso acercarte sigilosamente a los enemigos. El gatillo derecho o el botón del mouse se usa para atacar, mientras que el gatillo izquierdo o el botón derecho del mouse se usan para bloquear los ataques. El tiempo es crucial: mantén presionado el botón de bloqueo para defenderte y calcula tus ataques para asestar golpes críticos.

Cuando usas un arco, puedes mantener presionado el botón de disparo para tirar de la cuerda y soltarla para realizar un disparo más potente. Esto es esencial para personajes sigilosos que prefieren mantenerse a distancia.

Magia y lanzamiento de hechizos:

El sistema mágico permite a los jugadores lanzar una variedad de hechizos poderosos. Los hechizos se dividen en escuelas como Destrucción, Alteración y Restauración. Puedes seleccionar y asignar hechizos a través del menú mágico y lanzarlos usando la tecla de acceso rápido correspondiente.

Ten en cuenta tu reserva de Magicka, que se agota a medida que lanzas hechizos. Necesitarás equilibrar tu lanzamiento de hechizos con el combate para conservar recursos. Algunos hechizos, como curar o invocar, requieren más Magicka, así que úsalos sabiamente.

Mecánica sigilosa:

El sistema de sigilo es una de las características más famosas de Oblivion y es vital para quienes interpretan a un personaje de ladrón o asesino. Furtivo (mantén presionado el botón designado) te permite agacharte y moverte silenciosamente, lo que hace que sea más fácil evitar ser detectado o realizar ataques furtivos. Usando el sigilo, puedes robar objetos, robar NPC y eliminar enemigos sin que ellos sepan que estás allí.

El uso de cobertura (como paredes o árboles) aumenta efectivamente sus posibilidades de permanecer oculto. Cuando se realizan asesinatos sigilosos, el juego ofrece una animación cinematográfica de asesinatos, lo que hace que sea satisfactorio eliminar enemigos sin ser visto.

Primeros pasos en Cyrodiil: El juego inicial: escapar de la prisión imperial y encontrar el camino

Una vez que hayas terminado la creación del personaje, comienza tu viaje. Te encontrarás en la Prisión Imperial al comienzo del juego. Aquí, el emperador Uriel Septim y sus guardias son atacados por misteriosos asesinos, lo que te obligará a escapar.

Escapar de la prisión imperial:

Para comenzar tu aventura, sigue a la Guardia Imperial que te guiará a través de la prisión. Después de una escapada espectacular, saldrás a la naturaleza, donde podrás comenzar tu exploración de Cyrodiil. Esto te servirá para probar por primera vez el vasto mundo del juego y la mecánica de exploración.

Encontrar tu camino:

En este punto, se abre el juego. Puedes optar por seguir la misión principal, profundizar en misiones secundarias o simplemente explorar el mundo. Las primeras misiones te presentan los sistemas de Oblivion, como el combate y la gestión de inventario.

Un buen consejo es unirse a un gremio desde el principio, como el Fighters Guild o el Mages Guild, para obtener misiones más estructuradas. Estos gremios proporcionan una excelente manera de subir de nivel a tu personaje y presentarte NPC clave que te guiarán por el mundo.

CAPÍTULO 2

MECÁNICAS Y ESTRATEGIAS DE COMBATE

Estilos de lucha: combate cuerpo a cuerpo, combate a distancia, magia y sigilo

En Oblivion Remastered, las mecánicas de combate son profundamente versátiles y permiten a los jugadores elegir entre una variedad de estilos de lucha según su estilo de juego preferido. Ya sea que prefieras el enfoque directo del combate cuerpo a cuerpo, la precisión de los ataques a distancia, el poder devastador de la magia o la sutileza del sigilo, Oblivion Remastered ofrece algo para todos. Profundicemos en cada uno de estos estilos de combate para ayudarte a comprender cómo maximizar tu efectividad en cada uno.

Combate cuerpo a cuerpo

El combate cuerpo a cuerpo en Oblivion es quizás el más sencillo y es ideal para jugadores que quieren estar cerca de sus enemigos. Al empuñar un arma en combate cuerpo a cuerpo, el objetivo general es dominar a tu oponente con fuerza física, ya sea a través de una espada, un hacha o una maza.

Mecánica cuerpo a cuerpo:
En la versión remasterizada, las animaciones del combate cuerpo a cuerpo se han suavizado para que la experiencia sea más fluida. Podrás blandir tus armas, bloquear ataques e incluso desarmar a tus enemigos

con golpes en el momento oportuno. Para luchar eficazmente, debes prestar atención a tu barra de resistencia; cuanto más balancees y bloquees, más resistencia quemarás. Si tu resistencia se agota, tus ataques se volverán más lentos y serás más vulnerable a los ataques enemigos.

Tipos de armas:

- **Espadas:** El arma más equilibrada para el combate cuerpo a cuerpo. Las espadas proporcionan un daño moderado, buena velocidad y un alcance decente. Su versatilidad los hace adecuados para estilos de juego tanto ofensivos como defensivos.

- **Mazas:** Las mazas son más lentas pero causan más daño, particularmente contra oponentes fuertemente armados. Su capacidad para ignorar una parte del blindaje enemigo los hace ideales para enemigos tanque.

- **ejes:** Las hachas tienen un daño similar al de las mazas, pero tienden a tener una mayor velocidad de ataque. Son eficaces contra enemigos con menos armadura, aunque su alcance no es tan amplio como el de las espadas.

Estrategia:
Para los combatientes cuerpo a cuerpo, la clave es gestionar tu resistencia y posicionamiento. Mantén a los enemigos a una distancia manejable, esquiva cuando sea necesario y apunta a golpes críticos en sus puntos débiles (como la cabeza o áreas desprotegidas). Si te encuentras rodeado de enemigos, es esencial utilizar el entorno a tu favor, llevándolos a puntos críticos o utilizando barreras naturales para cubrirse.

Combate a distancia

El combate a distancia permite a los jugadores luchar desde la distancia, usando arcos o ballestas para infligir daño sin verse involucrados en la pelea. Es una opción ideal para los jugadores que prefieren atacar desde lejos manteniendo a raya a sus enemigos.

Mecánica a distancia:

El combate a distancia funciona sacando tu arma, apuntando a tu objetivo y soltándolo para disparar. Cuanto más tenses la cuerda del arco o la ballesta, más potente será el disparo, pero también quemarás más energía en el proceso. El combate a distancia es muy eficaz para eliminar enemigos antes de que puedan alcanzarte, lo que lo convierte en una excelente opción para aquellos que quieren evitar el riesgo de ser golpeados.

Tipos de armas:

- **Arcos**: El arma a distancia principal en Oblivion Remastered. Los arcos tienen un alcance excelente y pueden dispararse rápidamente, especialmente con las ventajas adecuadas. Los arcos son excelentes para ataques furtivos y especialmente útiles para derribar enemigos a distancia antes de que se den cuenta de que estás ahí. También cuentan con una gran variedad de flechas, como flechas envenenadas o de fuego, que pueden ayudarte a enfrentarte a diferentes tipos de enemigos.

- **Ballestas**: Las ballestas causan más daño que los arcos normales, pero tienen una velocidad de disparo más lenta. Son ideales para los grandes bateadores, ya que proporcionan un gran daño a costa de la velocidad de disparo. Sin embargo, las ballestas compensan esto en términos de daño bruto y precisión.

Estrategia:

El combate a distancia requiere precisión y sincronización. No se trata sólo de disparar flechas, sino también de posicionarse de manera que le den ventaja. Busca siempre terreno elevado, lo que aumenta tu precisión y dificulta que los enemigos te alcancen. Además, puedes crear o comprar diferentes tipos de flechas para explotar las debilidades del enemigo, como flechas de fuego contra enemigos débiles para disparar o flechas envenenadas para causar daños a largo plazo.

Combate mágico

El combate mágico en Oblivion Remastered es una forma poderosa y dinámica de enfrentarte a los enemigos. El juego ofrece una amplia gama de hechizos, cada uno de los cuales pertenece a una de varias escuelas de magia diferentes. La magia se puede utilizar tanto de forma ofensiva como defensiva, lo que la convierte en una opción de combate versátil.

Mecánica mágica:

Para lanzar un hechizo, primero debes equiparlo desde tu menú mágico. Luego puedes transmitirlo presionando la tecla de acceso rápido correspondiente. Cada hechizo tiene un coste de Magicka y, si te quedas sin Magicka, no podrás lanzar hechizos hasta que tu reserva se regenere. El tiempo y la estrategia son cruciales, ya que debes gestionar tanto tu reserva de Magicka como tu posición de combate.

Escuelas de hechizos:

- **Destrucción**: Magia ofensiva centrada en infligir daño. Los hechizos de fuego, hielo y relámpagos son el pan de cada día de la magia de Destrucción, ideales para atacar enemigos a distancia.

- **Restauración**: Centrado principalmente en curación y defensa. Los hechizos de restauración pueden curar tu salud y proporcionar beneficios, como resistencia a ciertos tipos de daños. Los hechizos curativos son esenciales para sostenerte durante las peleas largas.

- **Modificación:** Altera el entorno o proporciona beneficios personales. Hechizos como Escudo y Paralizar entran en esta categoría, que pueden ayudar a controlar el campo de batalla o protegerte del daño.

- **Conjuración**: Invoca criaturas para ayudarte en la batalla. Las criaturas conjuradas pueden ayudarte a hacer daño al tanque o enfrentarte a los enemigos, dándote ventaja durante los encuentros difíciles.

- **Espejismo:** Se centra en controlar la mente de los demás. Los hechizos de miedo, invisibilidad y encanto te permiten manipular a los enemigos, haciéndolos huir, seguirte o ignorarte por completo.

- **Misticismo:** Se ocupa de la manipulación del mundo físico y metafísico. Hechizos como Absorción y Telequinesis son parte de esta escuela, lo que te permite controlar tu entorno o drenar la fuerza vital de tu oponente.

Estrategia:

El combate mágico es mejor cuando se combina con otros estilos de combate. Por ejemplo, usa hechizos de destrucción para debilitar a un enemigo a distancia y luego muévete para matarlo en un combate cuerpo a cuerpo. También puedes usar hechizos de Restauración durante el combate para curarte o hechizos de Alteración para protegerte de ataques poderosos. Recuerde siempre que Magicka es un recurso finito, por lo que gestionarlo con cuidado es fundamental. Sea consciente del entorno y de su entorno, ya que los hechizos pueden ser bloqueados por estructuras o efectos ambientales.

Combate sigiloso

El sigilo es un estilo de combate único y muy eficaz, especialmente para los jugadores a los que les gusta ser estratégicos y evitar la confrontación directa. El combate sigiloso implica acercarse sigilosamente a los enemigos, utilizar el entorno para cubrirse y atacar cuando sea el momento adecuado. Los personajes sigilosos destacan por infligir daño sin alertar a sus enemigos.

Mecánica sigilosa:

El sigilo funciona agachándote para reducir el ruido y moviéndote lentamente, lo que dificulta que los enemigos te detecten. Cuando estás en modo sigiloso, puedes acercarte a los enemigos y apuñalarlos por la espalda, causando un daño masivo. Sin embargo, el combate sigiloso requiere paciencia y precisión, ya que acercarte demasiado o hacer demasiado ruido alertará a tu objetivo.

Habilidades clave:

- **Furtivo**: La habilidad principal para el combate sigiloso. Aumentar tu habilidad de Furtivo reduce tu visibilidad y hace que sea más difícil que los enemigos te detecten.

- **puñalada por la espalda**: Los ataques furtivos desde atrás causan un daño enorme. Cuando estás detrás de un enemigo y lo suficientemente cerca, puedes ejecutar un golpe crítico que a menudo mata a los enemigos al instante.

- **Robo de carteras y robo de cerraduras:** Estas habilidades te permiten saquear objetos de los NPC sin que se den cuenta y desbloquear cofres o puertas sin usar llaves.

Estrategia:

Para tener éxito en el combate sigiloso, aprende la distribución de cada área. Utilice el entorno a su favor: escóndase detrás de paredes, árboles u otras estructuras para permanecer invisible. Evita el combate cuando sea posible, usa el sigilo para escabullirte de los enemigos y guarda tus puñaladas por la espalda para cuando necesites eliminar objetivos de alta prioridad rápidamente. Considera usar hechizos como Invisibilidad o Night Eye para ayudarte en tus tácticas de sigilo. Y recuerda, ¡un buen personaje sigiloso siempre tiene algunas ganzúas y pociones para emergencias!

Armas: una lista completa de todas las armas del juego, incluidas estadísticas, consejos de uso y las mejores armas para configuraciones específicas

Oblivion Remastered ofrece una amplia gama de armas para cada estilo de combate, desde dagas ligeras hasta enormes martillos de guerra. Cada arma tiene sus propias estadísticas y consejos de uso, por lo que es esencial comprender cómo manejarlas mejor.

- **Espadas:** Ideal para personajes equilibrados, ya que ofrece una buena combinación de velocidad y daño. Ideal para jugadores que disfrutan de un estilo de combate fluido.

- **ejes**: Más lento pero más dañino que las espadas. Perfecto para jugadores que quieren causar mucho daño con cada golpe, especialmente contra enemigos fuertemente blindados.

- **Mazas:** Armas poderosas que causan un gran daño y son particularmente efectivas contra enemigos con armadura alta, lo que las hace ideales para enemigos tanque.

- **Arcos:** Excelente para ataques a distancia. Los arcos permiten un combate de precisión a distancia, con flechas especiales que brindan utilidad adicional, como fuego o veneno.

- **Daga:** Rápido y letal en manos de un personaje sigiloso. Ideal para apuñalar por la espalda y asestar golpes rápidos y potentes sin que nadie se dé cuenta.

La mejor arma para tu construcción depende de tu estilo de juego. Para los jugadores sigilosos, lo ideal es una daga o un arco. Para los guerreros tanque, lo mejor será una espada o una maza. Los usuarios de magia pueden preferir bastones, que combinan magia con combate cuerpo a cuerpo.

Armadura y protección: los mejores conjuntos de armaduras y escudos, y cómo impactan el combate

La armadura juega un papel crucial en Oblivion Remastered al protegerte del daño y al mismo tiempo permitir diferentes estilos de juego. Hay dos tipos principales de armaduras en el juego: armaduras ligeras y armaduras pesadas.

- **Armadura ligera**: Ofrece más movilidad y velocidad pero menos protección que la armadura pesada. Lo mejor para personajes sigilosos que necesitan permanecer ágiles y evitar sentirse abrumados.

- **Armadura pesada:** Proporciona una defensa superior contra el daño físico pero reduce su movilidad. Ideal para configuraciones de tanque que se centran en absorber el daño en lugar de evitarlo.

Los escudos también desempeñan un papel importante a la hora de bloquear los ataques enemigos y se utilizan mejor con una espada o una maza en estilos de juego defensivos.

Movimientos y combos de combate: cómo encadenar ataques, movimientos especiales para cada clase de arma y los mejores combos

Dominar el combate en Oblivion Remastered implica aprender a encadenar ataques, usar movimientos especiales y crear combos para causar el máximo daño. Cada tipo de arma tiene sus propias habilidades combinadas únicas, y dominarlas puede cambiar el rumbo de la batalla.

Por ejemplo, la espada permite ataques rápidos y continuos, mientras que la maza requiere golpes más deliberados y lentos que causan más daño. La magia, cuando se combina con el combate cuerpo a cuerpo o a distancia, agrega una capa de estrategia que puede ayudar a controlar múltiples enemigos. El sigilo, por otro lado, recompensa la precisión y la sincronización cuidadosa, con puñaladas por la espalda que generan combos devastadores a tu objetivo.

Mecánicas para abrir cerraduras y sigilo: consejos para escabullirse, robar carteras y matar sigilosamente

En Oblivion Remastered, las mecánicas de sigilo te permiten evitar la confrontación directa, dándote la ventaja de atacar sin previo aviso. Ya sea que prefieras escabullirte por mazmorras, robar NPC o realizar muertes sigilosas y mortales, dominar estas mecánicas te convertirá en un ladrón o un asesino eficaz. Exploremos cómo puedes maximizar tu potencial de sigilo en el juego.

Furtivo

El sigilo es el núcleo de cualquier personaje basado en el sigilo en Oblivion Remastered. Al mantener presionado el botón de sigilo, reduces tu visibilidad ante los enemigos, lo que te permite moverte por áreas sin ser detectado. La clave para escabullirse eficazmente es la paciencia y el tiempo. Si te mueves demasiado rápido o chocas con obstáculos, tu nivel de ruido aumentará y los enemigos te notarán.

Consejos para escabullirse eficazmente:

- **Manténgase bajo:** Al escabullirse, agáchese hasta el suelo. Cuanto más cerca estés del suelo, menos visible serás para los enemigos.

- **Usar sombras**: Colóquese en áreas más oscuras, como esquinas o detrás de obstáculos, para reducir aún más su visibilidad. La iluminación juega un papel muy importante en lo detectable que eres, así que utiliza las sombras a tu favor.

- **Observar patrones enemigos**: La mayoría de los NPC y enemigos siguen un patrón predecible. Tómate el tiempo para observar sus movimientos antes de decidir cuándo pasar sigilosamente o realizar una matanza sigilosa. La paciencia es clave.

- **Control de velocidad:** Muévete lentamente para evitar que te detecten, pero también ten en cuenta tu resistencia. Correr mientras te escabulles puede hacerte detectable, así que muévete a un ritmo que te mantenga en modo sigiloso sin quedarte sin energía.

carteristas

El carterismo es una habilidad útil que te permite robar objetos valiosos u oro de los NPC sin que ellos lo sepan. Para robar, debes estar en modo sigiloso y acercarte al objetivo con cuidado.

Consejos para carteristas:

- **Orientación:** Acércate a los NPC por detrás para aumentar tus posibilidades de robarles con éxito. El juego mostrará un mensaje para robar cuando estés lo suficientemente cerca del objetivo.

- **Robar artículos de alto valor:** Algunos NPC llevan objetos importantes, como llaves de puertas cerradas o artefactos especiales. Aprovecha esto robando estos elementos, que pueden abrirte nuevas áreas o misiones.

- **Enfoque cauteloso:** Tenga cuidado de no acercarse demasiado a su objetivo ni moverse demasiado rápido mientras intenta robar. Si un NPC ve que intentas robarle, tu relación con él se verá afectada e incluso puede que te ataque.

Mejora de la habilidad de carterista:

- Cuanto mayor sea tu habilidad de carterista, mayores serán tus posibilidades de éxito. Para mejorar esta habilidad, practique robando a objetivos menos sospechosos o use el beneficio Pickpocket para aumentar sus probabilidades de lograr un robo exitoso.

Muertes sigilosas

Las muertes sigilosas son uno de los aspectos más satisfactorios del combate sigiloso en Oblivion Remastered. Cuando estás en modo furtivo y te acercas a un enemigo por detrás, puedes realizar una puñalada por la espalda, que causa un daño significativo y, a menudo, mata al enemigo al instante.

Consejos para matar sigilosamente:

- **Acercándose al objetivo:** Mantente fuera de la vista mientras te acercas sigilosamente detrás de tu enemigo. Tan pronto como esté dentro del alcance, verá aparecer el mensaje de puñalada por la espalda. Asegúrate de que el enemigo no te detecte antes de atacar.

- **Usa hechizos de silencio:** Si te enfrentas a enemigos con alta percepción o en áreas con muchos guardias patrullando, usar hechizos de Invisibilidad o Silencio puede darte ventaja. Estos hechizos reducen la posibilidad de ser detectado mientras realizas asesinatos sigilosos.

- **Ataques de poder:** Al realizar una muerte sigilosa, utiliza ataques de poder para causar el máximo daño. Esto asegura que el enemigo sea eliminado antes de que tenga la oportunidad de tomar represalias.

Las muertes sigilosas son perfectas para eliminar objetivos de alta prioridad sin alertar a otros enemigos, especialmente en mazmorras o durante atracos. Con la preparación y el momento adecuados, puede limpiar áreas con un riesgo mínimo.

Magicka y lanzamiento de hechizos: comprensión de las escuelas de magia, elaboración de hechizos y técnicas avanzadas

La magia es una de las herramientas más poderosas de Oblivion Remastered y ofrece una amplia gama de efectos que pueden darte una ventaja en el combate, la exploración e incluso el diálogo. El juego ofrece varias escuelas de magia, cada una con sus propias habilidades y estrategias únicas. Analicemos cómo puedes dominar la magia y usarla de manera efectiva en diferentes situaciones.

Escuelas de Magia

Hay varias escuelas de magia en Oblivion Remastered, cada una de las cuales aborda un aspecto diferente del juego. Comprender estas escuelas te permitirá adaptar tu lanzamiento de hechizos a tu estilo preferido, ya seas un mago destructivo, un sanador solidario o un manipulador de la realidad.

1. **Magia de destrucción:**

   - **Objetivo**: Inflige daño a los enemigos a través de fuerzas elementales como fuego, hielo y rayos.

   - **Hechizos clave:** Bola de fuego, tormenta de hielo, relámpago.

   - **Estrategia:** La destrucción tiene que ver con la ofensiva. Lanza poderosos hechizos para acabar con los enemigos a distancia antes de que puedan alcanzarte. Los hechizos de destrucción son mejores para enfrentamientos directos o ataques a distancia.

2. **Magia de Restauración:**

   - **Objetivo**: Cura heridas, elimina enfermedades y mejora tus defensas.

   - **Hechizos clave**: Curación, Cura Enfermedad, Escudo.

   - **Estrategia**: Usa magia de Restauración para mantenerte con vida en batallas largas. Ten siempre hechizos curativos en tu arsenal y asegúrate de usar hechizos defensivos para absorber el daño, especialmente en las peleas contra jefes.

3. **Magia de alteración:**

   ○ **Objetivo**: Cambia el mundo físico y mejora tus propias habilidades.

   ○ **Hechizos clave**: Escudo, Pluma, Abrir cerradura.

   ○ **Estrategia:** Los hechizos de alteración son defensivos o de utilidad. Usa Shield para protegerte y Open Lock para desbloquear cofres y puertas. Feather es útil para controlar el peso de transporte, asegurándose de no sobrecargarse demasiado.

4. **Magia de conjuración:**
   - **Objetivo**: Invoca criaturas para que te ayuden o une almas a tu voluntad.
   - **Hechizos clave:** Invoca a Daedra, Espada Atada.
   - **Estrategia**: Invocar criaturas puede cambiar el rumbo de la batalla proporcionándote aliados que pueden resistir el daño y luchar por ti. Bound Sword es un hechizo útil para los jugadores que prefieren un arma mágica, especialmente en espacios reducidos.

5. **Magia de ilusión:**
   - **Objetivo**: Manipula las mentes de los demás, provocando miedo, encanto o confusión.
   - **Hechizos clave:** Invisibilidad, Encanto, Miedo.
   - **Estrategia:** Usa hechizos de ilusión para controlar el campo de batalla. Por ejemplo, la invisibilidad te permite escabullirte de los

enemigos, mientras que el miedo puede hacer que grupos de enemigos se dispersen, permitiéndote eliminarlos uno por uno.

6. **Magia Misticismo:**
- **Objetivo**: Se ocupa de la manipulación del mundo metafísico, como la teletransportación y la captura de almas.
- **Hechizos clave**: Trampa del alma, Telequinesis, Absorber salud.
- **Estrategia**: El misticismo puede ser increíblemente versátil y te permite manipular tu entorno o restaurar la salud. Soul Trap es invaluable para recolectar almas para encantar, mientras que Telekinesis te permite agarrar objetos a distancia.

Elaboración de hechizos

La creación de hechizos en Oblivion Remastered es una poderosa herramienta que te permite crear hechizos personalizados adaptados a tus necesidades. Al usar el Altar de creación de hechizos en el Gremio de Magos, puedes combinar varios efectos de diferentes escuelas de magia en un solo hechizo. Por ejemplo, puedes crear un hechizo que dañe a los enemigos y te cure al mismo tiempo, combinando magia de Destrucción y Restauración. Esta versatilidad permite estrategias de lanzamiento de hechizos más creativas.

Técnicas Avanzadas

Las técnicas mágicas avanzadas requieren una gestión cuidadosa de Magicka y el uso estratégico de las distintas escuelas de magia. Algunas de las técnicas más poderosas incluyen:

- **Hechizo combinado**s: Combinar diferentes hechizos en rápida sucesión puede abrumar a los enemigos. Por ejemplo, lanzar una criatura conjurada y luego usar magia de destrucción en tu objetivo te proporcionará un aliado y una forma de infligir daño simultáneamente.

- **Gestión Mágica:** Mantén siempre un ojo en tu barra Magicka. Quedarse sin Magicka en medio del combate puede dejarte vulnerable, por lo que es esencial equilibrar los hechizos ofensivos y defensivos. Los hechizos de restauración o el uso de pociones Magicka pueden restaurar rápidamente tu energía en batallas difíciles.

- **Hechizos ambientales:** Ciertos hechizos pueden manipular el entorno, como Levitar o Invocar Storm Atronach. Este tipo de hechizos pueden cambiar las reglas del juego en situaciones específicas, permitiéndote ganar ventaja controlando tu entorno.

Tácticas y estrategia de batalla: enfrentarse a grupos grandes, peleas contra jefes en solitario y estrategias para derrotar a diferentes tipos de enemigos

En Oblivion Remastered, el combate no se trata sólo de reflejos rápidos; se trata de utilizar las estrategias adecuadas para diferentes tipos de batallas. Ya sea que te enfrentes a grandes grupos de enemigos o te enfrentes a un jefe difícil en solitario, comprender cómo abordar estos desafíos asegurará tu éxito.

Enfrentarse a grandes grupos de enemigos

Cuando te enfrentas a múltiples enemigos, ya sea en una mazmorra o en campo abierto, gestionar tu posicionamiento es clave. Los hechizos de control de masas, como Miedo (Ilusión), pueden ayudarte a dividir grupos grandes, haciendo que los enemigos se dispersen y permitiéndote eliminarlos uno por uno.

Otra estrategia eficaz es utilizar hechizos de área de efecto (AoE) de la escuela Destruction, como Fireball o Lightning Storm, para dañar a varios enemigos a la vez. Estos hechizos son particularmente útiles en batallas a gran escala, donde necesitas reducir la cantidad de enemigos rápidamente.

También puedes utilizar el entorno a tu favor llevando a los enemigos a puntos críticos o pasillos estrechos, donde su número es una amenaza menor. Invocar criaturas de la escuela Conjuration también ayuda en estos escenarios, ya que las criaturas convocadas pueden distraer a los enemigos mientras los enfrentas a distancia o desde atrás.

Peleas de jefes en solitario

Las peleas de jefes en Oblivion Remastered pueden ser increíblemente desafiantes debido a su gran cantidad de salud y sus ataques devastadores. La clave para sobrevivir a estos encuentros es la preparación.

Antes de la batalla, asegúrate de tener pociones curativas, hechizos de mejora y resistencias mágicas (de hechizos de alteración como Escudo o Protección). También es aconsejable haber convocado a aliados para que actúen como distracciones o distribuidores de daño durante la pelea. Las criaturas conjuradas suelen ser esenciales para absorber el daño, ya que te brindan el tiempo y el espacio necesarios para lanzar hechizos ofensivos o curativos.

Durante la pelea, mantén la distancia cuando sea posible. Usa hechizos de destrucción para atacar desde lejos, pero asegúrate de controlar tu Magicka. Sincronizar los hechizos de restauración o las pociones curativas es crucial para sobrevivir a batallas más largas.

Estrategias para diferentes tipos de enemigos

Cada tipo de enemigo en Oblivion Remastered tiene sus propias debilidades y fortalezas. Por ejemplo, los enemigos no-muertos son vulnerables al fuego o a los hechizos de conversión de no-muertos de la escuela de Restauración. De manera similar, los enemigos con armadura son más vulnerables al daño contundente, lo que hace que las mazas sean una buena opción de arma.

Los dragones y los daedra son enemigos formidables que requieren una planificación cuidadosa. Apunta siempre a sus puntos débiles, como sus cabezas, y utiliza hechizos elementales para explotar sus vulnerabilidades.

Estas tácticas y estrategias de batalla te ayudarán a afrontar los desafíos de Oblivion Remastered con confianza, ya sea que prefieras la magia, el sigilo o la fuerza bruta para derrotar a tus enemigos. Combinar estas estrategias con el estilo de juego que elijas garantizará que ninguna batalla sea demasiado difícil de ganar.

CAPÍTULO 3

CONSTRUCCIÓN DE CARÁCTER Y PROGRESIÓN

Las mejores construcciones de personajes para diferentes estilos de juego

En Oblivion Remastered, la construcción de tu personaje determina la forma en que abordas el juego. Ya sea que prefieras escabullirte de los enemigos, lanzar hechizos destructivos o lanzarte a la batalla con una espada enorme, la estructura adecuada del personaje es esencial para maximizar tu efectividad y disfrute. El juego ofrece una amplia gama de opciones de personalización de personajes, por lo que es fundamental comprender cómo desarrollar una configuración que se adapte al estilo de juego elegido. En esta sección, exploraremos cuatro configuraciones principales: sigilo/asesino, tanque/luchador, mago/lanzador de hechizos y configuraciones híbridas. Cada una de estas configuraciones ofrece una forma diferente de abordar el combate y la exploración, lo que te permite adaptar tu experiencia a tus preferencias.

Construcción sigilosa/asesina

La configuración Stealth/Assassin está diseñada para jugadores que prefieren evitar la confrontación directa y eliminar enemigos en silencio. Este estilo de juego se centra en ataques furtivos, apuñalamientos por la espalda, carteristas y utilizar el entorno a tu favor. Si te gusta permanecer en las sombras y realizar ataques letales cuando nadie te mira, esta es la construcción para ti.

Atributos y habilidades

Para la configuración Sigilo/Asesino, tus atributos principales deben centrarse en la agilidad y la resistencia, mientras que la velocidad también es crucial. Estos atributos mejoran tu velocidad de movimiento y tu capacidad para evitar ser detectado, lo que hace que sea más fácil esquivar a los enemigos y realizar ataques rápidos. La suerte es otro atributo útil, ya que ayuda con el sigilo y los golpes críticos.

Tus habilidades principales para esta construcción incluirán:

- **Furtivo**: Este es tu pan de cada día. A medida que subes de nivel a Sneak, serás más difícil de detectar y el daño de tu puñalada por la espalda aumentará, lo que te permitirá acabar con los enemigos de forma rápida y silenciosa.

- **Seguridad:** Esta habilidad ayuda a abrir cerraduras y desarmar trampas. Es esencial para acceder a cofres y puertas cerrados y evitar peligros ocultos.

- **Cuchilla:** Aunque probablemente uses una daga o una espada para ataques sigilosos, la habilidad Blade es necesaria para maximizar el daño cuando atacas.

- **Tirador escondido:** Si prefieres el combate a distancia, Marksman será tu habilidad preferida para usar arcos. El tiro con arco te permite eliminar enemigos a distancia antes de que sepan que estás allí.

- **Alquimia:** Esta habilidad es increíblemente útil para elaborar venenos, pociones curativas y mejorar a tu personaje durante las misiones. Puedes envenenar tus armas o crear pociones para mejorar tu sigilo o tus habilidades de combate.

Signo de nacimiento y clase

Para tu signo de nacimiento, el Ladrón es una elección natural, ya que aumenta tu agilidad, suerte y probabilidad de golpe crítico, lo que complementa el estilo de juego Sigilo/Asesino. También te da una bonificación a tu habilidad de Furtivo, que es esencial para moverte sin ser detectado.

Su clase normalmente será una construcción personalizada que se centra en el sigilo como su atributo principal. Es posible que desees incluir una combinación de clases de Ladrón, Asesino o incluso Nightblade para mejorar tus habilidades de sigilo, robo y combate.

Estrategia y consejos

Al jugar con una configuración Sigilosa/Asesina, la clave del éxito reside en la paciencia y la observación. Tómate siempre el tiempo para observar los patrones de patrulla enemiga antes de entrar en combate. Evita enfrentamientos directos manteniéndote en las sombras y usando hechizos de Invisibilidad u Ojo Nocturno para permanecer oculto. Apuñalar por la espalda es tu arma definitiva: una vez que estés detrás de un enemigo, usa el ataque furtivo para causar un daño devastador y eliminarlo antes de que tenga tiempo de reaccionar.

Sube de nivel tu habilidad de Furtivo al principio del juego para reducir las posibilidades de ser detectado. Una vez que alcances un nivel de habilidad lo suficientemente alto, apuñalar por la espalda se convertirá en tu método principal para despachar enemigos. Lleva siempre veneno contigo para mejorar aún más tu daño y hacer que tus ataques sean aún más letales.

Construcción de tanque/caza

La configuración Tanque/Luchador es perfecta para los jugadores que disfrutan lanzarse a la batalla de cabeza y absorber daño mientras asestan golpes importantes a los enemigos. Esta construcción se centra en la fuerza, la durabilidad y el mantenimiento del control del campo de batalla. Si te gusta la idea de llevar armadura pesada y empuñar armas poderosas, entonces la configuración Tanque/Caza es ideal para ti.

Atributos y habilidades

Para la configuración Tanque/Luchador, tus atributos principales deben ser Fuerza y Resistencia, ya que aumentan tu salud y el daño producido por tus ataques cuerpo a cuerpo. También querrás centrarte en la personalidad y la fuerza de voluntad para aumentar la resistencia al daño y ayudarte en tu capacidad de controlar a los enemigos mediante la intimidación.

Tus habilidades principales para esta construcción incluirán:

- **Bloquear:** La clave para sobrevivir en el combate cuerpo a cuerpo es una defensa sólida. Al subir de nivel a Block, podrás reducir el daño recibido, lo que te dará más tiempo para tomar represalias.

- **Armadura pesada:** Llevar una armadura pesada es esencial para un tanque/caza. Esta habilidad te permitirá usar las armaduras más pesadas sin sufrir penalizaciones de movilidad. Cuanto más subas de nivel esta habilidad, mejor absorberás el daño.

- **Hoja o desafilada:** Estas son tus dos categorías principales de armas. Blade es más rápido e ideal para ataques ágiles, mientras que las armas contundentes (mazas y martillos) son mejores para infligir daño a enemigos fuertemente blindados.

- **Atletismo**: Cuanto más subas de nivel en Atletismo, más rápido podrás moverte y recuperar resistencia. Una habilidad alta en Atletismo te permitirá mantener tu resistencia en combate, permitiéndote seguir balanceándote y bloqueando sin cansarte.

- **Armero:** Mantener tu armadura en óptimas condiciones es esencial para un tanque/caza. Al mejorar tu habilidad de Armero, podrás reparar tu armadura y tus armas sobre la marcha, asegurándote de no encontrarte nunca con una situación en la que tu equipo quede inutilizable.

Signo de nacimiento y clases

Para tu signo de nacimiento, el Guerrero es la mejor opción, ya que proporciona un impulso significativo a tu fuerza y habilidades de combate. El signo de nacimiento del Guerrero aumenta tu efectividad en el combate, haciéndote más fuerte tanto en ataque como en defensa.

En cuanto a tu clase, querrás una configuración personalizada que enfatice las habilidades de combate, centrándose en el combate cuerpo a cuerpo y la defensa. Una clase de Guerrero o Cruzado funcionaría bien, ya que estas clases se basan en armaduras pesadas y combate físico.

Estrategia y consejos

Un tanque/caza prospera en situaciones de combate directo. Concéntrate siempre en mantener a los enemigos frente a ti, usando tu habilidad Bloquear para reducir el daño recibido mientras atacas con tu arma Blade o Blunt. Con una armadura pesada, podrás absorber los golpes mientras asestas golpes poderosos. Esto te convierte en un luchador de primera línea perfecto en batallas de grupos grandes o peleas contra jefes.

Cuando estés rodeado de enemigos, usa tus hechizos de daño de área de efecto (AoE), como Fireball o Cleave, para reducir la multitud antes de concentrarte en un objetivo. Si te enfrentas a una gran cantidad de enemigos, colócate en puntos de bloqueo para controlar el campo de batalla y limitar la cantidad de atacantes a la vez.

Mantén siempre alta tu habilidad de Armero para que puedas reparar tu equipo en mitad de la batalla. No dudes en llevar armaduras adicionales o un arma de respaldo en caso de que la principal se rompa o se vuelva ineficaz. Una construcción de tanque/caza requiere una preparación cuidadosa, pero las recompensas son inmensas cuando se trata de sobrevivir a un combate intenso.

Construcción de mago/lanzador de conjuros

La versión Mago/Lanzador de hechizos es para jugadores que prefieren manipular los elementos, convocar criaturas y lanzar hechizos poderosos. Centrándose en Magicka, el lanzamiento de hechizos proporciona una increíble cantidad de versatilidad. Ya sea que estés lanzando bolas de fuego a tus enemigos o curando a tus aliados, la configuración Mage destaca por controlar el campo de batalla a distancia.

Atributos y habilidades

Para una construcción de mago/lanzador de conjuros, tus atributos principales deben ser la inteligencia y la fuerza de voluntad, ya que aumentan tu reserva de Magicka y te permiten lanzar hechizos de manera más eficiente. La personalidad también puede ayudar, especialmente si estás usando hechizos para controlar multitudes o interactuar con NPC.

Tus habilidades principales para esta construcción incluirán:

- **Destrucción**: Esta habilidad gobierna tus hechizos ofensivos, como bolas de fuego, relámpagos y tormentas de hielo. Es esencial para infligir daño a los enemigos desde la distancia.

- **Modificación:** Esta habilidad es perfecta para hechizos defensivos o de utilidad. La alteración incluye hechizos de escudo que pueden absorber daño, lo que te hace más resistente contra los enemigos.

- **Restauración:** Los hechizos curativos entran en esta categoría. Utilice Restauración para curar, eliminar enfermedades o mejorar sus defensas.

- **Conjuración:** Invocar aliados o crear armas mágicas es increíblemente útil para un mago. Esta habilidad te permite convocar criaturas para que luchen a tu lado, brindándote un valioso apoyo en el combate.

- **Misticismo:** Esta es la escuela de magia más versátil, que te permite manipular el mundo físico con hechizos como Absorber salud y Trampa de alma.

Signo de nacimiento y clase

Para la versión Mago/Spellcaster, el signo de nacimiento del Mago es la mejor opción. Aumenta significativamente tu Magicka inicial, que es crucial para un personaje basado en la magia. Este signo de nacimiento te permitirá lanzar hechizos con más frecuencia y utilizar hechizos más poderosos a medida que avances.

Tu clase puede ser un mago, un hechicero o una configuración personalizada que se centre en Magicka. Querrás asegurarte de que tu clase priorice las habilidades adecuadas para lanzar hechizos y mejorar tu efectividad en el combate con magia.

Estrategia y consejos

Un mago/lanzador de conjuros prospera manteniendo a los enemigos a distancia y usando hechizos para controlar el combate. Esté siempre atento a su reserva de Magicka, ya que puede agotarse rápidamente en batallas prolongadas. Los hechizos de restauración son esenciales para mantener tu salud durante las peleas difíciles, mientras que los hechizos de Destrucción te permiten infligir daño sin arriesgarte a un combate cuerpo a cuerpo.

Usa hechizos de invocación de Conjuración para conseguir aliados durante batallas difíciles, particularmente contra grupos grandes o enemigos de alto nivel. Utilice siempre hechizos de alteración y misticismo para protegerse y debilitar a sus enemigos. Combinar múltiples escuelas de magia te permite adaptar tu enfoque para cada encuentro.

Construcciones híbridas

Las construcciones híbridas combinan aspectos de cuerpo a cuerpo y magia, lo que te permite ser versátil y adaptarte a cualquier situación. Estas configuraciones son perfectas para jugadores que no quieren limitarse a un rol específico y prefieren mezclar y combinar habilidades.

Atributos y habilidades

Las construcciones híbridas suelen centrarse en un equilibrio entre fuerza, inteligencia y resistencia. Esto asegura que tu personaje pueda recibir un golpe y lanzar hechizos poderosos. Necesitarás distribuir tus puntos de habilidad entre habilidades de combate y mágicas.

Tus habilidades principales incluirán:

- **Hoja o desafilada:** Elige una de estas habilidades de combate según tu preferencia por la velocidad o el daño.

- **Destrucción:** Para magia ofensiva que complemente tu combate físico.

- **Modificación:** Para hechizos defensivos que aumentan tu capacidad de supervivencia.

- **Restauración:** Para mejoras curativas y defensivas.

- **Atletismo:** Asegúrate de que tu personaje pueda moverse eficientemente durante el combate, especialmente en encuentros difíciles donde la movilidad es clave.

Signo de nacimiento y clase

Para construcciones híbridas, el signo de nacimiento de Guerrero o Hechicero puede ser útil, dependiendo de si deseas priorizar el daño físico o la magia. El signo de nacimiento del Guerrero aumenta tu fuerza y resistencia, mientras que el signo de nacimiento del Hechicero otorga Magicka adicional para lanzar hechizos. También puedes optar por una clase Battlemage o Spellsword para una combinación más equilibrada de combate cuerpo a cuerpo y magia.

Estrategia y consejos

Las construcciones híbridas prosperan con la flexibilidad. Cuando participes en la batalla, mezcla y combina tus habilidades con las armas con tus hechizos. Comienza con magia de destrucción a distancia para debilitar a los enemigos antes de acortar la distancia y acabar con ellos con tu arma. Si el enemigo es demasiado poderoso para el combate directo, convoca aliados con Conjuración o usa hechizos de Alteración para protegerte y aumentar tu daño.

Recuerde, las construcciones híbridas requieren un equilibrio entre combate y magia. No descuides ninguno de los lados de tu construcción. Invierte en hechizos y armas tanto ofensivos como defensivos para maximizar tu efectividad. Tendrás que ser adaptable y utilizar la combinación adecuada de magia y armas según la situación.

Dominio de habilidades y ventajas: céntrese en qué habilidades mejorar y cómo maximizar el crecimiento del personaje

En Oblivion Remastered, el crecimiento de tu personaje está influenciado por las habilidades que eliges mejorar, y dominar estas habilidades es clave para crear un personaje poderoso y versátil. El dominio de las habilidades juega un papel vital en tu efectividad en el combate, la magia y el sigilo, así como en tu capacidad para sobrevivir y prosperar en el vasto mundo de Cyrodiil. Comprender en qué habilidades centrarse y cómo progresar a través de ellas es esencial para maximizar el potencial de tu personaje.

Habilidades y su importancia

El primer paso para dominar el desarrollo de tu personaje es comprender cómo las diferentes habilidades influyen en el juego. Hay 21 habilidades en Oblivion y cada una se divide en una de tres categorías: combate, magia y sigilo. El objetivo principal es especializarte en habilidades que complementen tu estilo de juego y tu construcción, y al mismo tiempo subir de nivel las habilidades secundarias para mejorar tus capacidades generales.

Habilidades de combate

Las habilidades de combate son esenciales para cualquier guerrero o luchador. Estas habilidades determinarán tu eficacia en el combate cuerpo a cuerpo, los ataques a distancia y la defensa.

- **Cuchilla:** Esta habilidad es fundamental para los jugadores que prefieren el combate rápido y ágil con espadas. Aumenta su efectividad al realizar ataques rápidos y sucesivos y aumenta su capacidad para causar daño crítico.

- **Desafilado:** Ideal para bateadores lentos y potentes. Las mazas, martillos y otras armas contundentes están diseñadas para causar grandes cantidades de daño, particularmente contra enemigos fuertemente armados.

- **Tirador escondido:** Si prefieres el combate a distancia, centrarte en Marksman mejorará enormemente tu capacidad para disparar con arcos o ballestas. Aumentarás tu precisión y daño producido con cada nivel.

- **Bloquear**: Una habilidad vital para cualquier tanque/caza. Cuanto más inviertas en Block, mejor será tu capacidad para defenderte de los ataques enemigos. Bloquear en el momento adecuado te permite reducir el daño recibido y lanzar poderosos contraataques.

- **Armero**: Esta habilidad te permite reparar tu armadura y armas. Es una habilidad valiosa para todos los personajes, pero es especialmente importante para aquellos que usan armaduras pesadas o armas que sufren daños con el tiempo. Subir de nivel esta habilidad garantiza que puedas mantener tu equipo en óptimas condiciones, ahorrando dinero en reparaciones y aumentando tu efectividad en el combate.

Habilidades mágicas

Las habilidades mágicas determinan tu capacidad para lanzar hechizos y manipular el mundo que te rodea. Ya sea que quieras ser un hechicero formidable o un mago híbrido, concentrarte en estas habilidades te dará ventaja en el combate y la exploración.

- **Destrucción**: Esta habilidad gobierna tus hechizos ofensivos, como Bola de fuego, Tormenta de hielo y Rayo. Es crucial para los jugadores que dependen de la magia para el combate, ya que les permite infligir un daño significativo desde la distancia.

- **Restauración**: Vital para la curación y la defensa, esta habilidad te permite restaurar tu propia salud, curar enfermedades y protegerte con escudos. Es imprescindible para cualquiera que planee pasar mucho tiempo en combate, especialmente en peleas contra jefes o batallas prolongadas.

- **Modificación**: La magia de alteración proporciona beneficios y protecciones. Hechizos como Escudo, Carga y Abrir candado entran en esta categoría. Dominar la Alteración mejorará tus capacidades defensivas, haciéndote más resistente en la batalla.

- **Conjuración**: Si prefieres invocar criaturas para que luchen a tu lado, Conjuración es tu habilidad preferida. Ya sea que estés convocando a una criatura daédrica o creando un arma mágica, esta habilidad ofrece una enorme versatilidad.

- **Espejismo**: La magia de ilusión te permite manipular las mentes de los demás, lo que la hace ideal para controlar multitudes o escabullirte de los enemigos. Hechizos como Invisibilidad, Calma y Miedo pueden cambiar el rumbo de la batalla confundiendo o sometiendo a los enemigos.

Habilidades de sigilo

Las habilidades de sigilo son esenciales para los ladrones, asesinos y aquellos que prefieren evitar el combate cuando sea posible.

- **Furtivo**: Esta habilidad determina qué tan bien puedes moverte sin ser detectado. A medida que tu habilidad de Furtivo mejore, podrás permanecer oculto por más tiempo y realizar apuñalamientos críticos por la espalda sin alertar a los enemigos.

- **Carterista:** Si estás interesado en robar artículos valiosos o causar caos en las ciudades, Pickpocket es tu mejor habilidad. Te permite robar a los NPC sin que se den cuenta y puede ser invaluable para ganar dinero u obtener artículos raros.

- **Seguridad:** Esta habilidad es útil para sortear cerraduras y trampas. Si planeas explorar mazmorras y asaltar cofres cerrados, nivelar la seguridad te ayudará a acceder a áreas difíciles de alcanzar.

- **Acrobacia:** Una habilidad clave para personajes sigilosos que necesitan evitar daños o navegar por terrenos difíciles. Las acrobacias te permiten saltar más alto y moverte más rápido, perfecto para escapar del peligro o evadir la detección.

Maximizar la progresión de habilidades

Para maximizar la progresión de tus habilidades, concéntrate en habilidades que complementen la construcción de tu personaje y faciliten el combate, la exploración y la supervivencia. Aquí hay una estrategia para el dominio de habilidades:

- **Priorizar las habilidades primarias**: Concéntrate primero en tus habilidades principales. Si eres un guerrero, concéntrate en Blade, Block y Heavy Armor. Si eres un mago, concéntrate en la Destrucción y la Restauración, y para el sigilo, Sneak y Marksman son vitales.

- **Entrena con entrenadores:** Hay entrenadores en Oblivion que pueden ayudarte a mejorar habilidades específicas. Si desea progresar más rápido, busque capacitadores para las habilidades que desea mejorar. Algunos entrenadores pueden aumentar tus habilidades rápidamente, permitiéndote alcanzar niveles más altos más rápidamente.

- **Usa habilidades en combate**: La mejor manera de subir de nivel cualquier habilidad es usarla activamente. Dedica tiempo a practicar tus habilidades participando en combates, lanzando hechizos y escabulléndote. Cuanto más uses tus habilidades, más rápido subirán de nivel.

Subir de nivel: cómo subir de nivel de forma eficiente, en qué estadísticas centrarse y cuándo especializarse

Subir de nivel en Oblivion Remastered requiere una planificación y una estrategia cuidadosas. Cada vez que subas de nivel, se te pedirá que asigne puntos a tus atributos principales y elijas nuevas ventajas. La forma en que asignas estos puntos puede afectar drásticamente el crecimiento de tu personaje, por lo que es esencial comprender cómo subir de nivel de manera eficiente y cuándo especializarse.

Los conceptos básicos para subir de nivel

Cada vez que ganes experiencia, subirás de nivel. Cuando subas de nivel, tendrás que elegir qué atributos mejorar. Los atributos son:

- **Fortaleza:** Aumenta tu salud y la efectividad de las armas cuerpo a cuerpo.

- **Inteligencia:** Aumenta tu reserva de Magicka, permitiéndote lanzar hechizos más poderosos.

- **Resistencia:** Aumenta tu salud y resistencia, ayudándote a sobrevivir más tiempo en combate.

- **Agilidad:** Mejora tu capacidad para esquivar ataques y aumenta tu efectividad con armas a distancia.

- **Velocidad:** Aumenta tu velocidad de movimiento, permitiéndote salir más rápido de situaciones peligrosas.

- **Suerte:** Afecta todas tus estadísticas y aumenta tus posibilidades de recibir golpes críticos.

Estrategias de nivelación eficientes

- **Concéntrese en sus atributos principales:** El primer paso para subir de nivel de manera eficiente es priorizar tus atributos principales. Si eres un guerrero, concéntrate en la fuerza y la resistencia. Si eres mago, la inteligencia y la fuerza de voluntad son cruciales. Concéntrate en los atributos que más beneficiarán a tu estructura y estilo de juego.

- **Seguimiento del crecimiento de habilidades:** A medida que subes de nivel, tus habilidades deberían progresar naturalmente en función de las habilidades elegidas. Asegúrate de usar tus habilidades con regularidad para subir de nivel, ya que esto te permitirá desbloquear nuevas ventajas y aumentar tu efectividad en el combate.

- **Utilice las señales de nacimiento a su favor:** Dependiendo de tu signo de nacimiento, es posible que desees centrarte en ciertos atributos o habilidades. Por ejemplo, si estás usando el signo de nacimiento del Guerrero, te beneficiarás al aumentar tu Fuerza y Resistencia, mientras que el signo de nacimiento del Mago te impulsará a mejorar la Inteligencia y la Fuerza de Voluntad.

- **Entrene habilidades que son difíciles de nivelar:** Algunas habilidades tardan más en subir de nivel, como Marksman o

Alchemy. Si tienes dificultades para subir de nivel, considera buscar entrenadores que puedan ayudarte a mejorar esas habilidades al principio del juego.

Cuando especializarse

Especializarse en determinadas áreas es fundamental a medida que subes de nivel. A medida que alcances niveles más altos, desbloquearás nuevas habilidades y te volverás más poderoso en el estilo de juego que elijas. Especializarse demasiado pronto puede limitar su versatilidad, así que tómese su tiempo antes de comprometerse por completo con un camino.

- **Niveles iniciales:** Al principio, es una buena idea concentrarse en conseguir una base sólida en combate, magia o sigilo. Es posible que desees especializarte más adelante, pero asegúrate de tener habilidades completas antes de hacerlo.

- **Mitad del juego:** Cuando llegues a la mitad del juego, deberías tener una idea clara de las fortalezas y debilidades de tu personaje. Aquí es cuando querrás especializarte. Si has estado usando principalmente armas cuerpo a cuerpo, concéntrate en las ventajas de combate que aumentan tu fuerza y defensa. Si has dependido mucho de la magia, especialízate en una escuela de magia en particular (como Destrucción o Restauración).

- **Juego tardío:** Al final del juego, deberías concentrarte completamente en tu especialización. Si eres un tanque/luchador, concéntrate en mejorar tus habilidades de bloqueo, armadura pesada y espada/contundente. Si eres un mago, especialízate en Destrucción y Conjuración. Al final del juego es cuando tu personaje realmente brilla en el rol elegido, y la especialización te ayudará a maximizar tu eficiencia en el combate.

Maximizar los atributos: consejos para hacer que tu personaje sea el más poderoso en combate, magia y sigilo

Maximizar tus atributos es la clave para crear un personaje poderoso y eficaz en Oblivion Remastered. Tus atributos determinarán qué tan bien te desempeñas en combate, magia y sigilo, por lo que es esencial comprender cómo cada atributo afecta la progresión y el estilo de juego de tu personaje.

Construcciones de combate

- **Fuerza y resistencia:** Concéntrate en aumentar la fuerza y la resistencia para las configuraciones de combate cuerpo a cuerpo. Esto aumentará tu salud y resistencia, lo que te permitirá sobrevivir más tiempo en la batalla y realizar ataques más poderosos.
- **Agilidad**: Para personajes de combate a distancia o sigilosos, concéntrate en la agilidad para mejorar tu capacidad de esquivar ataques y aumentar la efectividad de tus armas a distancia.

Construcciones mágicas

- **Inteligencia y fuerza de voluntad**: Para las construcciones mágicas, la Inteligencia es crucial para aumentar tu reserva de Magicka, mientras que la Fuerza de Voluntad ayuda con la regeneración de Magicka. Estos atributos te permitirán lanzar más hechizos y regenerar Magicka rápidamente durante peleas prolongadas.

Construcciones sigilosas

- **Agilidad y suerte**: Para los personajes sigilosos, la agilidad es esencial para la velocidad y la evasión, mientras que la suerte ayuda con los golpes críticos y las tasas de éxito al escabullirse. Querrás mejorar la suerte para aumentar tus posibilidades de éxito en asesinatos sigilosos, carteristas y forzar cerraduras. Oblivion Remastered ofrece una inmensa profundidad en la creación y desarrollo de personajes. Ya sea que quieras jugar como un Sigilo/Asesino, un Tanque/Luchador, un Mago/Lanzador de Hechizos o un Híbrido versátil, entender cómo equilibrar atributos, habilidades y estrategias es clave para el éxito. Al concentrarte en tus fortalezas, maximizar el estilo de juego elegido y adaptarte a diferentes situaciones, puedes crear un personaje que se adapte a tus preferencias y aproveche al máximo el enorme mundo de Cyrodiil.

CAPÍTULO 4

PRINCIPAL MISIÓN

Tutorial de la misión principal: desglose paso a paso de la historia principal de Oblivion, incluidas todas las misiones principales, objetivos y decisiones clave

La línea de misiones principal de The Elder Scrolls IV: Oblivion Remastered es una de las narrativas más emocionantes y fundamentales del juego, que te impulsa a través de la tierra de Cyrodiil mientras intentas detener una invasión de fuerzas daédricas que amenaza al mundo entero. Este capítulo proporciona un desglose completo paso a paso de la historia principal de Oblivion, cubriendo las misiones principales, los objetivos clave, los NPC importantes y los puntos de la trama que impulsan la historia.

El asesinato del emperador (comienzo de la línea de misiones principal)

La misión principal comienza cuando tú, prisionero en la prisión imperial, eres liberado nada menos que por el emperador Uriel Septim VII. Este evento pone en marcha la serie de misiones que definirán tu viaje a través de Cyrodiil.

- **Nombre de la misión**: La fuga del emperador

- **Objetivos:**

o Escapa de la Prisión Imperial con el Emperador y sus guardias.

o Después de un dramático asesinato del Emperador por parte de Mythic Dawn, te queda una tarea clave: entregar el Amuleto de los Reyes a Jauffre en el Templo del Gobernante de las Nubes.

- **PNJ clave:** Emperador Uriel Septim VII, Jauffre, Martin Septim (el hijo del Emperador).

Esta misión te presenta el conflicto central: el príncipe daédrico Mehrunes Dagon y sus fuerzas están intentando invadir Tamriel, y sólo el Amuleto de los Reyes puede detenerlos. La muerte del Emperador señala el comienzo de la apertura de las Puertas del Olvido en todo el país, y tu tarea es detener esto.

La búsqueda del amuleto de los reyes

Después de conocer a Jauffre, te dirigirán al Templo del Gobernante de las Nubes, donde ha estado escondido Martin Septim, el hijo del Emperador. En este punto, el destino del Imperio está en tus manos. Martin ha estado viviendo escondido, sin ser consciente de su linaje real hasta que se desarrollan los acontecimientos que rodearon el asesinato del Emperador.

- **Nombre de la misión**: Entrega el amuleto a Jauffre.

- **Objetivos:**
★ Entrega el Amuleto de los Reyes a Jauffre, el líder de los Blades, los guardaespaldas personales del Emperador.
★ Lleva a Martin a Jauffre y convéncelo de su destino.

- NPC clave: Martin Septim, Jauffre, Baurus (un miembro de los Blades).

En esta parte de la misión, comenzarás a darte cuenta de la verdadera importancia del Amuleto de los Reyes y su conexión con las barreras entre el reino de los mortales y Oblivion, el reino daédrico. También te enfrentarás a Mythic Dawn, un culto dedicado a Mehrunes Dagon, como tus primeros enemigos importantes en la lucha contra la invasión daédrica.

Las puertas del olvido y el plan de Mehrunes Dagon

A medida que avanza la línea de misiones, las Puertas del Olvido comienzan a abrirse en Cyrodiil. Estas puertas son portales a través de los cuales las fuerzas daédricas invaden Tamriel. Tu misión queda clara: cerrar estas puertas para detener la invasión daédrica. Esta es una sección fundamental de la misión principal, ya que tendrás que enfrentar desafíos, viajar a través de territorios peligrosos y derrotar a las fuerzas de Dagon.

- **Nombre de la misión**: Las puertas del olvido

- **Objetivos:**
  - Cierra las puertas del olvido y detén la invasión daédrica.

  - Las puertas están ubicadas en varios lugares del mapa, y tendrás que viajar a cada una, enfrentándote a los peligros de Deadlands mientras intentas recuperar Great Sigil Stones, que son clave para cerrar las puertas.

  - Ayuda a Martin a asegurar el Templo del Único y llegar a la línea de Sangre del Dragón Rojo.

- **PNJ clave:** Martin Septim, Jauffre, Los señores daédricos.

Aquí no solo te enfrentarás a enemigos habituales como Daedric Lords y Dremora, sino que también explorarás los reinos de Oblivion, resolviendo acertijos y participando en feroces combates. Tu éxito a la hora de cerrar estas puertas es fundamental para la trama, ya que impide que Mehrunes Dagon se afiance en el mundo.

La batalla por el templo del Uno

A medida que recojas fuerzas y te enfrentes a la amenaza daédrica, descubrirás que el Templo del Único se convierte en el campo de batalla final donde Martin debe demostrar su derecho a gobernar. La misión final te lleva directamente al corazón de Cyrodiil para enfrentarte a Mehrunes Dagon y sus fuerzas.

- **Nombre de la misión**: El Templo del Uno

- **Objetivos:**
    - Protege a Martin mientras se prepara para usar el Amuleto de los Reyes y realizar el ritual.

    - Enfréntate a las fuerzas de Mehrunes Dagon en el corazón de Cyrodiil mientras comienza la Batalla Final.

    - Enfréntate al Príncipe Daédrico en el enfrentamiento final.

- NPC clave: Martin Septim, Mehrunes Dagon, Jauffre.

Esta búsqueda lleva a la conclusión de la historia principal, donde Martin, ahora revelado como el heredero al trono, usa el Amuleto de los Reyes en un poderoso ritual para desterrar a Mehrunes Dagon y cerrar las Puertas del Olvido restantes. El destino de Cyrodiil está en juego y tus decisiones aquí determinarán el destino final del Imperio.

Opciones que afectan la historia: puntos clave de la misión principal donde sus decisiones impactan el resultado

A lo largo de Oblivion Remastered, tus elecciones no solo afectan el resultado de las misiones secundarias y las interacciones con los NPC; También pueden cambiar la dirección de la línea de misiones principal e influir en el destino del mundo. Aquí hay algunas decisiones clave que pueden afectar el resultado de su viaje:

Elegir salvar o abandonar a Martin Septim

Durante tu viaje, debes proteger y ayudar a Martin Septim a reclamar el trono que le corresponde. Sin embargo, hay momentos en los que tus elecciones influirán en su destino:

- **Salvando a Martín:** Al proteger a Martin del Mythic Dawn y garantizar su seguridad, mantienes vivo el potencial de salvación del Imperio.

- **Abandonando a Martín:** Si descuidas la protección de Martin o dejas que los cultistas hagan su trabajo, el destino del Imperio quedará sellado y la invasión daédrica será más difícil de detener.

Amanecer mítico y la influencia del culto

El Mythic Dawn juega un papel fundamental en la caída del Imperio. Tus interacciones con ellos y las decisiones que tomes sobre cómo abordarlos podrían hacer que la misión sea más fácil o más difícil:

- **Infiltrándose en el amanecer mítico:** Si te infiltras en sus filas y recopilas información, podrás evitar futuros desastres.

- **Ignorando el amanecer mítico:** Si eliges enfrentarlos con fuerza bruta, puedes retrasar su influencia, pero su número seguirá creciendo y esto puede conducir a confrontaciones más difíciles más adelante en el juego.

El destino del amuleto de los reyes

El Amuleto de los Reyes es fundamental para la trama y su destino está entrelazado con tus decisiones:

- **Usando el amuleto:** Si eliges usar el Amuleto junto con los esfuerzos de Martin, evitas que Mehrunes Dagon entre al mundo mortal de forma permanente.

- **Mal uso del amuleto**: Si haces un mal uso del Amuleto, corres el riesgo de abrir las puertas de Oblivion de forma permanente, permitiendo que las fuerzas daédricas abrumen el plano mortal.

Lucha final contra el jefe: estrategia detallada para la batalla definitiva, que incluye preparación, tácticas y desglose de las fases de combate

El enfrentamiento final con Mehrunes Dagon es uno de los momentos más dramáticos y desafiantes de la línea de misiones principal de Oblivion Remastered. Esta lucha requiere preparación, conocimiento de tus fortalezas y comprensión de las debilidades del enemigo. Aquí hay un desglose detallado de la batalla final y las estrategias para asegurar tu victoria.

Preparación para la batalla final

Antes de ingresar a la batalla final, asegúrese de tener los siguientes elementos:

- **pociones**: Trae una amplia variedad de pociones curativas, pociones Magicka y pociones de resistencia (especialmente contra fuego o daño físico).

- **encantamientos**: Equipa armas con fuertes encantamientos para aumentar tu daño. Considera encantar tu armadura con resistencia al fuego o resistencia a la magia para protegerte contra los ataques elementales de Dagon.

- **Hechizo de invocación**s: Los hechizos de conjuración que invocan a Daedra, Atronachs u otros aliados poderosos pueden facilitar significativamente la batalla, ya que ayudarán a distraer a Mehrunes Dagon y sus secuaces mientras te concentras en la pelea.

La batalla contra Mehrunes Dagon

Una vez que ingresas al corazón del Templo del Uno, comienza la lucha contra Mehrunes Dagon. Esta es una batalla de varias fases que pondrá a prueba tus habilidades de combate, estrategia y capacidad para adaptarte al campo de batalla cambiante.

Fase 1: La Invocación

En la primera fase de la pelea, Mehrunes Dagon es un enemigo formidable que usa ataques basados en fuego para dañarte desde la distancia. Durante esta fase, concéntrate en esquivar sus ataques de bolas de fuego a distancia y usar hechizos de alteración como Escudo para absorber el daño. Mantén la distancia y desgasta su salud con ataques a distancia o magia de destrucción.

- **Táctica:** Usa hechizos de invocación para generar aliados poderosos, como Atronachs, para absorber parte del daño y distraer a Dagon. Esta fase se trata de jugar a la defensiva y dejar que tus criaturas convocadas se enfrenten a la mayor parte de las fuerzas enemigas.

Fase 2: El asalto físico de Dagón

Una vez que Mehrunes Dagon acorta la distancia y comienza su ataque cuerpo a cuerpo, la batalla se vuelve mucho más difícil. En este punto, Dagon usará poderosos cortes cuerpo a cuerpo y pisotones para hacerte perder el equilibrio.

- **Táctica:** Usa Bloquear para reducir el daño de los ataques cuerpo a cuerpo de Dagon. Esté siempre preparado para esquivar cuando mueva su enorme arma, ya que estos ataques consumirán una parte importante de su salud. Usa hechizos de Restauración para mantener alta tu salud, especialmente durante las fases físicas de la pelea.

Fase 3: La finalización del ritual

A medida que avanza la batalla, Martin comenzará a realizar el Ritual del Único, que es la clave para sellar la influencia de Dagón en el plano mortal. Durante esta fase, la batalla se convierte en una carrera contra el tiempo. Tendrás que proteger a Martin mientras completa el ritual mientras se enfrenta a los secuaces de Dagon y a los devastadores ataques de Dagon.

- **Táctica:** Usa la invisibilidad o el sigilo para navegar por el campo de batalla y proteger a Martin de los enemigos que se acercan. Si estás construyendo un tanque, concéntrate en mantener a raya a los enemigos mientras Martin completa el ritual. Una vez que termine, el ritual sellará a Dagon, poniendo fin a la batalla.

Una vez que hayas derrotado con éxito a Mehrunes Dagon y hayas detenido la invasión de Oblivion, no solo habrás salvado al Imperio, sino que también habrás solidificado tu papel como uno de los héroes más grandes del mundo de Oblivion Remastered. La secuencia final de la misión principal verá a Martin hacer su sacrificio final, cerrando las puertas de Oblivion y asegurando la supervivencia de Tamriel. Sin embargo, la forma en que manejes el mundo posterior a la misión y las relaciones que forjes determinarán tu legado en Cyrodiil.

CAPÍTULO 5

GREMIOS Y FACCIONES

Gremio de luchadores: cadena de misiones completa, objetivos principales, recompensas y promociones

El Fighter's Guild es uno de los gremios más destacados de Oblivion Remastered, ideal para quienes prefieren el combate directo. Este gremio está diseñado para guerreros, mercenarios y cualquiera que prefiera usar la fuerza bruta para resolver conflictos. Ya sea que disfrutes empuñando una espada o un martillo o te concentres en la defensa con una armadura pesada, Fighter's Guild ofrece una línea de misiones sólida con muchas oportunidades para demostrar tu valía en la batalla.

Unirse al gremio de luchadores

Para unirte al Fighter's Guild, deberás visitar cualquiera de sus ubicaciones alrededor de Cyrodiil. El Salón del Gremio de Luchadores en Chorrol es el principal punto de entrada. Habla con Guild Master Burz gro-Khash, quien te dará las tareas de iniciación necesarias para unirte. Estas tareas son relativamente simples y te ayudarán a familiarizarte con las actividades principales del gremio.

Una vez que completes la tarea de iniciación, te convertirás oficialmente en miembro y el gremio comenzará a ofrecerte varios contratos de mercenario. Tu papel como miembro del Fighter's Guild implicará principalmente asumir tareas relacionadas con el combate, como limpiar áreas peligrosas, proteger a los NPC y participar en batallas con varios monstruos y enemigos.

Desglose de la línea de misiones:

El Fighter's Guild ofrece una serie de misiones que se dividen en varias etapas. A medida que avances en la línea de misiones, tendrás la tarea de lidiar con amenazas en Cyrodiil, enfrentar niveles cada vez mayores de peligro y obtener nuevos conocimientos sobre las operaciones más profundas del gremio. Aquí hay un desglose de las principales misiones y objetivos:

- **Tareas iniciales**: Tus primeras misiones implicarán limpiar campamentos de bandidos, guaridas de monstruos y proteger a las personas. Estas misiones introductorias te ayudarán a perfeccionar tus habilidades de combate y te darán puntos de experiencia.

- **Contratos especiales:** A medida que subas de rango, recibirás contratos especiales, que pueden requerir que mates objetivos específicos o elimines un gremio rival. Estos son más difíciles y pueden resultar en mayores recompensas.

- **Progresión de rango:** A medida que avances, encontrarás misiones más desafiantes que introducen objetivos más complejos, como ayudar al gremio con problemas internos y resolver conflictos con facciones rivales. Tu rango aumentará a medida que demuestres tu valía en combate y completes estas tareas de alto riesgo.

Objetivos principales:

La línea de misiones de Fighter's Guild incluye algunos objetivos importantes que son esenciales para tu progresión. Estos incluyen:

- **Matar enemigos peligrosos:** Muchas de las misiones implican eliminar monstruos poderosos o mercenarios rivales. Tu reputación crece a medida que completas con éxito estas misiones.

- **Investigando problemas del gremio:** A medida que avanzas, es posible que descubras que tu gremio tiene luchas internas con rivales, tratos secretos o corrupción que deben abordarse.

- **Defender la reputación del gremio**n: También se te asignarán misiones para defender la reputación del gremio, ya sea que se trate de negociaciones, lidiar con enemigos o asumir trabajos más peligrosos para mantener el gremio en buen estado.

Recompensas y promociones:

Cada misión exitosa te recompensará con dinero, artículos y puntos de experiencia. También recibirás promociones a medida que avances en los rangos del gremio:

- **Promociones:** Tu rango en el Fighter's Guild aumentará a medida que completes más misiones. Comenzando como un simple aprendiz, ascenderás al rango de Oficial y finalmente a Protector, el rango más alto disponible dentro del gremio. A medida que aumente tu rango, tu reputación y las recompensas por tus misiones mejorarán.

- **Dinero y equipo:** Recibirás dinero por cada misión completada. Además, los miembros de alto rango tienen acceso a equipos especiales, incluidas armas y armaduras únicas que están disponibles solo para aquellos que gozan de buena reputación en el gremio.

Consejos para el éxito:

- **Centrarse en las habilidades de combate:** Como miembro del Fighter's Guild, deberás concentrarte en habilidades de combate como Blade, Block y Heavy Armor. Estas habilidades son fundamentales para tener éxito en tu rol de mercenario y te ayudarán a completar tus misiones de manera más efectiva.

- **Subir de nivel:** Asegúrate de subir de nivel tu resistencia y fuerza para aumentar tu salud y resistencia. Cuanto más daño puedas recibir y repartir, más éxito tendrás en las misiones de gremio de batallas intensas.

- **Combate estratégico:** Cuando te enfrentes a enemigos poderosos, usa tácticas como bloquear, esquivar y usar magia para obtener una ventaja.

Gremio de magos: cómo unirse, misiones principales, conocimiento secreto y avance

El Gremio de Magos es la elección perfecta para aquellos que desean ejercer las fuerzas de la magia en Oblivion Remastered. Ya sea que tu objetivo sea lanzar hechizos destructivos, curar heridas o manipular el tejido de la realidad misma, el Gremio de Magos ofrece una amplia capacitación y oportunidades de progresión. Unirse al gremio te otorgará acceso a hechizos, conocimientos y misiones únicas dirigidas tanto a usuarios de magia principiantes como avanzados.

Unirse al gremio de magos

Para unirse al gremio de magos, simplemente visite cualquiera de sus salas en Cyrodiil. Tendrás que hablar con el maestro del gremio local, como Raminus Polus en Balmora, para comenzar tu viaje hacia las artes arcanas. Unirse al gremio requiere que completes una misión introductoria simple que pondrá a prueba tu comprensión básica de la magia.

Una vez que hayas completado con éxito la iniciación, tendrás acceso a entrenamiento, hechizos y oportunidades para avanzar dentro del gremio. Los miembros del gremio reciben descuentos especiales en suministros mágicos y el gremio ofrece una amplia gama de misiones que abarcan todas las escuelas de magia.

Desglose de la línea de misiones:

La línea de misiones del Gremio de Magos se compone de varios pasos importantes que te llevarán a través de una serie de desafíos mágicos, intrigas políticas y conocimientos ocultos.

* La Universidad Arcana: Tu objetivo final como miembro del Gremio de Magos es ingresar a la Universidad Arcana, el centro central del gremio. Sin embargo, la entrada no es automática: debes ganarte el derecho a ser admitido completando varias tareas del gremio y demostrando tu destreza mágica.

* **Recolectando ingredientes y artefactos raros:** Muchas de las misiones implican recolectar ingredientes mágicos raros u obtener textos antiguos. Algunas de estas misiones requerirán que te aventures en mazmorras o lugares remotos para encontrar los elementos necesarios para la investigación del gremio.

* **Derrotar a los rivales**: A medida que avances, es posible que descubras que otras facciones, como los Nigromantes o los Magos Negros, buscan socavar el Gremio de Magos. Tendrás la tarea de rastrear a estos enemigos y eliminar la amenaza que representan para el gremio.

Objetivos principales:

- **Completa la línea de misiones principal:** La trama central del Gremio de Magos implica investigar conocimientos mágicos antiguos para comprender el origen de Oblivion Gates. Trabajarás con miembros de alto rango para investigar el papel de la magia en estas puertas y cómo se conectan con los reinos daédricos.

- **Desbloqueando el conocimiento mágico:** Uno de los principales objetivos es descubrir el conocimiento secreto escondido dentro del gremio. Esto puede implicar resolver acertijos mágicos, descifrar escrituras antiguas y estudiar hechizos perdidos que podrían cambiar el mundo.

Recompensas y promociones:

Como miembro del Gremio de Magos, recibirás varias recompensas y promociones:

- **Promoción:** Avanzar en los rangos del Gremio de Magos requiere completar misiones y demostrar dominio de las artes mágicas. Los rangos comienzan en Aprendiz y suben hasta Archimago, y cada ascenso otorga acceso a nuevos hechizos y habilidades.

- **Hechizos y pociones:** A medida que asciendas de rango, obtendrás acceso a poderosos hechizos, pociones y artefactos mágicos que no están disponibles para quienes no son miembros. Estos te ayudarán en tu búsqueda y te darán una ventaja única en el combate.

- **Descuentos en productos mágicos:** Una vez que alcances un rango superior, recibirás descuentos en la tienda del Gremio de

Magos, donde podrás comprar elementos e ingredientes mágicos raros para crear hechizos poderosos.

Consejos para el éxito:

- **Centrarse en las escuelas de magia**: Dependiendo de tu estilo de juego, puedes concentrarte en una de las escuelas de magia. Si quieres causar un daño masivo, concéntrate en la Destrucción; si prefiere apoyo, concéntrese en Restauración y Alteración.

- **Utilice el gremio de magos para viajes rápidos**: El gremio de magos tiene hechizos de teletransportación que pueden ayudarte a viajar rápidamente entre las salas del gremio. Esto te ahorrará tiempo al completar misiones y recolectar objetos mágicos.

Gremio de ladrones: misiones sigilosas, atracos y cómo convertirse en el mejor ladrón

Thieves Guild es la opción ideal para los jugadores que prefieren el sigilo, el sigilo y los carteristas. Este gremio se especializa en atracos de alto riesgo y en robar tesoros valiosos de personas ricas y lugares peligrosos. Si te gusta escapar de los guardias, robar a los NPC y convertirte en un maestro ladrón, este es el gremio para ti.

Unirse al gremio de ladrones

Para unirse al Gremio de Ladrones, visite la Ciudad Imperial y hable con Armand Christophe, el jefe del Gremio de Ladrones. La misión de iniciación consiste en completar una tarea en la que debes robar un objeto valioso de un NPC específico. Esta tarea le presentará los conceptos básicos del robo y el hurto.

Desglose de la línea de misiones:

La línea de misiones del Thieves Guild se centra en adquirir riqueza y ganar influencia dentro del inframundo criminal. Las misiones implican robar, robar y completar operaciones encubiertas en nombre del gremio.

- **El atraco:** Tu primera misión importante consistirá en robar valiosos tesoros de comerciantes ricos o figuras poderosas de Cyrodiil. Estos atracos requieren sigilo, una planificación cuidadosa y la capacidad de evitar ser detectados.

- **Política del gremio:** A medida que asciendes de rango, aprenderás que el gremio está involucrado en conflictos internos, rivalidades y traiciones. Es necesario abordar estos problemas y tendrás que navegar por la política del gremio mientras intentas asegurar tu posición como el principal ladrón.

- **Maestro de las Sombras:** Con el tiempo, trabajarás para convertirte en el maestro del gremio de ladrones. Esto requerirá que completes varios trabajos de alto perfil y ganes influencia en el inframundo de la ciudad.

Objetivos principales:

- **Dominar el sigilo:** Como miembro del Gremio de Ladrones, necesitarás perfeccionar tus habilidades de sigilo. Esto incluye colarse en áreas vigiladas, abrir cerraduras y evitar ser detectado mientras completa sus atracos.

- **Completar atracos de alto perfil:** El objetivo final es llevar a cabo atracos complejos y lucrativos, como robar a funcionarios de alto rango o infiltrarse en lugares peligrosos.

Recompensas y promociones:

Como miembro del Gremio de Ladrones, ganarás dinero, artículos raros e influencia del gremio. Los ascensos se obtienen a medida que completa trabajos y demuestra sus habilidades. Las recompensas aumentan a medida que asciendes de rango y asumes atracos más difíciles y prestigiosos.

Hermandad Oscura: desbloquear y completar las misiones de asesinato

La Hermandad Oscura es una organización secreta centrada en misiones de asesinato. Si te gusta asumir misiones sigilosas de alto riesgo y altas recompensas y eliminar a tus objetivos con precisión, la Hermandad Oscura ofrece el desafío definitivo.

Unirse a la Hermandad Oscura

Para unirte a la Hermandad Oscura, deberás completar una línea de misiones especial que comienza con el asesinato de un inocente. Esta misión preparará el escenario para tu papel en la Hermandad y te presentará los objetivos y métodos de la organización.

Caballeros de los Nueve: misiones, recompensas y cómo convertirse en un verdadero héroe

Los Caballeros de los Nueve son una facción única en Oblivion Remastered, que ofrece a los jugadores la oportunidad de embarcarse en una búsqueda heroica para recuperar una poderosa orden de caballeros. Esta facción tiene sus raíces en la historia de los Divine Crusaders y es ideal para jugadores que buscan convertirse en un héroe legendario, ejerciendo el poder de los Divine Crusader y llevando a cabo tareas de rectitud. Los Caballeros de los Nueve ofrecen una historia convincente, misiones desafiantes y recompensas poderosas que pueden dar forma al futuro de Cyrodiil.

Unirse a los Caballeros de los Nueve

Para unirse a los Caballeros de los Nueve, los jugadores primero deben comenzar la línea de misiones viajando al White Stallion Lodge, que se encuentra cerca de la ciudad de Anvil. La línea de misiones comienza con una visión onírica, donde el protagonista es guiado por Pelinal Whitestrake, un héroe legendario del pasado de Tamriel. El jugador tiene la tarea de encontrar la Corona del Cruzado en el Camino del Peregrino y cumplir un llamado divino.

La orden de los Caballeros de los Nueve se fundó en honor a Pelinal Whitestrake, quien luchó contra las fuerzas daédricas y fue uno de los héroes más venerados de la historia de Tamriel. Para convertirse en un verdadero Caballero de los Nueve, los jugadores deben viajar a través de Tamriel, recolectar las reliquias dispersas de Pelinal Whitestrake y enfrentarse a las fuerzas del mal.

Desglose de la línea de misiones

La línea de misiones de los Caballeros de los Nueve implica varios objetivos clave que el jugador debe completar para convertirse plenamente en miembro de esta heroica orden:

- **Camino del Peregrino:** El primer paso consiste en seguir el camino del Divino Cruzado y recoger las reliquias de Pelinal Whitestrake. Estas reliquias se encuentran esparcidas por Cyrodiil e implican una serie de misiones y desafíos.

- **Las Nueve Reliquias:** La línea de misiones gira en torno a recolectar las nueve reliquias sagradas asociadas con el Divino Cruzado. Estos incluyen la Corona del Cruzado, las Botas del Cruzado, el Yelmo del Cruzado y otros elementos poderosos.

Cada reliquia está escondida en varios lugares de Cyrodiil y recuperarlas a menudo implica resolver acertijos, derrotar enemigos poderosos o completar otras misiones.

- **Reconstruyendo la Ordenr:** Una vez recogidas las reliquias, el jugador debe reconstruir a los Caballeros de los Nueve y restaurar el orden a su antigua gloria. Esto implica reclutar compañeros caballeros y liderarlos en una misión para restaurar el legado del Divino Cruzado.

Objetivos principales

- **Restaurando el legado de los cruzados:** Reconstruye la orden de los caballeros encontrando las reliquias sagradas, completando varias peregrinaciones y demostrando que eres digno de convertirte en el Divino Cruzado.

- **Enfrentando las fuerzas del mal:** Muchas de las misiones implican enfrentarse a enemigos poderosos, incluidos príncipes daédricos, bandidos y facciones rivales que buscan impedir la restauración del orden de los cruzados.

- **Sacrificio definitivo:** El paso final de la línea de misiones requiere que uses la espada del Cruzado Divino en una batalla que pondrá a prueba tu honor, fuerza y coraje, consolidando tu lugar como el nuevo Caballero de los Nueve.

Recompensas y beneficios

- **Reliquias de Pelinal Whitestrake:** A medida que recolectas las reliquias, obtienes acceso a equipo poderoso que mejora tus habilidades de combate. Estas reliquias están imbuidas de poder divino y otorgan importantes mejoras a tus atributos, haciéndote más fuerte en la batalla.

- **Caballeros de las Nueve Armadura**: Una vez que completes la línea de misiones, podrás usar los Caballeros de las Nueve Armadura, un conjunto de armadura legendaria que otorga una protección significativa y mejora tu fuerza y resistencia.

- **Convertirse en un verdadero héroe:** Al completar la línea de misiones de los Caballeros de los Nueve, obtienes el título de Cruzado Divino, lo que te convierte en uno de los héroes más grandes de la historia de Tamriel. Serás honrado tanto por la gente común como por los nobles, y tu legado como caballero de honor y justicia se convertirá en parte de la historia de Cyrodiil.

Tácticas de gremio: cómo aprovechar al máximo a los Caballeros de los Nueve

Los Caballeros de los Nueve ofrecen una combinación única de combate, honor y magia divina. Los jugadores deben concentrarse en construir un tanque/luchador o un personaje híbrido para esta línea de misiones, ya que la mayoría de los desafíos requieren combate físico y apoyo mágico. Las habilidades de armadura pesada, espada o contundente y restauración son muy recomendables para este estilo de juego. Además, la espada del Cruzado Divino se puede utilizar como un arma poderosa para enfrentarse a los enemigos, lo que convierte a los Caballeros de los Nueve en una facción perfecta para aquellos que buscan dominar a los enemigos en la batalla.

Misiones daédricas: completar las misiones del Príncipe daédrico para obtener artefactos poderosos

Las Misiones Daédricas en Oblivion Remastered son una serie de misiones asociadas con los Príncipes Daédricos, los seres poderosos, a menudo caóticos, de los reinos Daédricos. Completar estas misiones le otorga al jugador acceso a algunos de los artefactos más poderosos y únicos del juego, muchos de los cuales brindan importantes ventajas en combate, magia y sigilo. Estas misiones suelen ser moralmente ambiguas y, a menudo, implican tomar decisiones difíciles que afectarán tu relación con los Príncipes Daédricos.

Cómo iniciar las misiones daédricas

Para comenzar las misiones daédricas, primero debes localizar los santuarios de los príncipes daédricos repartidos por Cyrodiil. Estos santuarios suelen estar escondidos en lugares remotos o peligrosos, y los Príncipes Daédricos requieren ciertas ofrendas o acciones antes de otorgarte su favor. Algunas misiones son más difíciles de encontrar que otras, por lo que es importante explorar el mundo a fondo y estar atento a las pistas.

Cada Príncipe Daédrico tiene su propia misión única, que puede implicar resolver acertijos, realizar rituales oscuros o matar enemigos en su nombre. Los Príncipes Daédricos son poderosos y te recompensarán con artefactos que a menudo tienen ventajas e inconvenientes. Estas misiones son opcionales pero ofrecen importantes recompensas.

Príncipes daédricos y sus misiones

- **Mehrunes Dagón:** El Príncipe Daédrico de la destrucción y el caos, conocido por otorgarle la Navaja de Mehrunes, una daga mortal que causa un daño masivo. Su misión requiere que elimines a un rival indigno y demuestres que eres digno de recibir su favor.

- **Molag Izquierda:** Conocido por su asociación con la dominación y la esclavitud, Molag Bal ofrece la Maza de Molag Bal, un arma que drena la vida de tus enemigos. Su búsqueda implica obligar a cierto individuo a someterse.

- **Boetia:** Boethiah, el príncipe daédrico del engaño y la traición, ofrece la Ebony Mail, una armadura que aumenta el sigilo y reduce el daño. Su búsqueda normalmente implica una prueba de combate sangrienta para poner a prueba tu fuerza y determinación.

- **Sheogorath**: El loco príncipe daédrico, Sheogorath, otorga el Wabbajack, un bastón que transforma aleatoriamente a los enemigos en diferentes criaturas. Su búsqueda suele ser más divertida que otras y requiere que participes en una cadena de eventos extraña e impredecible.

Recompensas y artefactos

La principal recompensa por completar las misiones daédricas son los poderosos artefactos daédricos. Estos elementos son algunos de los más codiciados del juego y cada uno ofrece habilidades o mejoras únicas. Por ejemplo, el Anillo de Hircine permite al usuario transformarse en un hombre lobo, mientras que la Máscara de Clavicus Vile mejora tu habilidad para hablar y encantar.

Además de artefactos poderosos, completar estas misiones también te otorgará el favor de los Príncipes Daédricos, lo que puede ser útil para aquellos que buscan explorar el lado más oscuro del juego u obtener acceso a más misiones basadas en Daédricos.

Tácticas de gremio: cómo aprovechar al máximo las misiones daédricas

- **Construcciones cuerpo a cuerpo o híbridas**: Muchos de los artefactos daédricos están orientados al combate físico, por lo que una construcción de tanque/caza o híbrida funciona bien para esta facción.

- **Construcción mágicas:** Para los jugadores que se centran en la Destrucción o la Conjuración, los Príncipes Daédricos ofrecen potentes artefactos mágicos, como la Estrella de Azura, que puede capturar almas y reponer Magicka.

- **Decisiones estratégicas:** Las misiones daédricas a menudo implican tomar decisiones morales difíciles, por lo que debes estar preparado para aceptar las consecuencias de tus acciones. Muchos de los Príncipes Daédricos ofrecen recompensas tentadoras y tareas oscuras que desafiarán la ética y la visión del mundo de tu personaje.

Tácticas de gremio: cómo aprovechar al máximo las fortalezas y el estilo de juego único de cada gremio

Cada gremio en Oblivion Remastered tiene sus propias fortalezas y un estilo de juego único. Para sobresalir dentro de cada gremio, deberás concentrarte en las habilidades y atributos que se alinean con sus objetivos y misiones.

Tácticas del gremio de luchadores

- Concéntrese en las habilidades de fuerza, resistencia y armadura pesada.
- Utilice armas afiladas o contundentes para maximizar el daño y la efectividad.
- Considere Bloquear para reducir el daño recibido durante peleas difíciles.

Tácticas del gremio de magos

- Concéntrese en las escuelas de magia de Destrucción, Restauración y Alteración.
- Utilice técnicas de gestión de Magicka para que sus hechizos sigan fluyendo.
- Considere Conjuración para convocar aliados o armas mágicas.

Tácticas del gremio de ladrones

- Priorice las habilidades de sigilo, carterista y seguridad.
- Usa hechizos de sigilo e invisibilidad para moverte sin ser detectado.
- Mejora tus acrobacias y atletismo para escapar de situaciones difíciles.

Tácticas de la Hermandad Oscura

- Concéntrate en las habilidades de asesinato y sigilo.
- Utilice hechizos Night Eye e Invisibilidad para mejores ataques furtivos.
- Especialízate en Marksman o Blade para combate cuerpo a cuerpo o de largo alcance.

Los Caballeros de los Nueve, Daedric Quests y los diversos gremios ofrecen un enfoque dinámico y profundo para la progresión del personaje en Oblivion Remastered. Ya sea que prefieras convertirte en un cruzado sagrado, un asesino oscuro o un mago poderoso, estas facciones ofrecen ricas misiones y poderosas recompensas que mejorarán tu viaje a través del mundo de Cyrodiil. Al comprender las fortalezas de cada gremio y adaptar las habilidades de tu personaje, puedes asegurarte de tener éxito en los desafíos de cada facción y convertirte en el aventurero más poderoso del juego.

CAPÍTULO 6

LUCHAS DE JEFES Y ENEMIGOS ÚNICOS

Combat & Boss Fight Diegrams

Veard hes hieering thiniarls nodertth edens porigh koess.

VI:TE & MARIAI

DGIREGIIS

BOSS

KEEP YOUR DISTRACE

Lista completa de jefes: una lista detallada de todos los jefes principales y opcionales del juego, sus ubicaciones y estadísticas

Oblivion Remastered alberga una amplia gama de jefes formidables, tanto principales como opcionales, que pondrán a prueba tus habilidades de combate, estrategia y adaptabilidad. Estos jefes varían en dificultad y algunos ofrecen desafíos únicos que requieren una preparación cuidadosa y el dominio de diferentes técnicas de combate. En esta sección, analizaremos los principales jefes del juego, así como algunos de los jefes opcionales que ofrecen recompensas y logros poco comunes.

Jefes principales

1. **Mehrunes Dagon**

- **Ubicación**: El Templo del Uno
- **Estadísticas:** Nivel 30, reserva de salud alta (~4000 de salud), fuerte resistencia al fuego, la magia y el daño físico.
- **Talento:** Ataques basados en fuego, convocando a Daedra. Puede causar un daño masivo de área de efecto y convocar a Dremora Lords para ayudar en la batalla.

→ **Estrategia:**

- **Combatir**: Concéntrate en bloquear y esquivar sus ataques de fuego. Usa magia de alteración para protegerte del daño y restauración para curarte. Mantén la distancia cuando usa bolas de fuego a distancia y cierra la brecha cuando usa cortes cuerpo a cuerpo. Su invocación de Dremora Lords requiere que uses hechizos de invocación o un fuerte aliado de conjuración para eliminarlos mientras te concentras en Dagon.

- **Ataques mágicos**: Usa magia de Destrucción con efectos elementales a los que Dagon es débil (es decir, Escarcha o Choque).

- **Preparación**: Antes de la pelea, asegúrate de tener una fuerte resistencia al fuego y pociones curativas, y utiliza aliados convocados para obtener apoyo adicional.

2. **La batalla de Kvatch: la lucha del jefe contra las fuerzas daédricas de la Puerta del Olvido**

* **Ubicación:** Puerta del olvido de Kvatch
* **Estadísticas:** Enemigos daédricos (estadísticas variadas), el portal en sí.
* **Talento:** Fuego daédrico, ataques con llamas y grandes daños cuerpo a cuerpo.

→ Estrategia:

  ■ **Combatir:** Los enemigos daédricos en esta área son difíciles, así que usa ataques mágicos y a distancia para manejarlos desde la distancia. No te apresures a luchar. Utilice el entorno a su favor y cúbrase detrás de estructuras para evitar daños.

  ■ **Fuerza daédricas:** Elimina primero a los arqueros daédricos a distancia, ya que representan una amenaza importante con sus bolas de fuego. Conjura a Daedric Lords o Atronachs para que te ayuden en esta pelea, ya que pueden distraer a los enemigos mientras te concentras en la puerta.

  ■ **Pelea final:** Destruye la Puerta del Olvido lo antes posible para detener la interminable aparición de fuerzas daédricas.

3. **La batalla final de Baurus: la última de las espadas**

* **Ubicación:** La ciudad imperial
* **Estadísticas:** Nivel 25, salud alta (~3000 de salud), armadura moderada.

- **Talento:** Ataques cuerpo a cuerpo de alto daño, postura defensiva.
- → **Estrategia:**

    - **Combatir**: Baurus usa su espada y escudos de manera eficiente, pero su mayor debilidad es su dependencia de las posturas defensivas. Concéntrate en los ataques mágicos para debilitar su postura. Usa hechizos de Restauración para curarte después de algunos golpes y gestionar sus contraataques.

    - **Resistencia:** Depende de bloquear y parar, por lo que emplear una estrategia de ataque mágico (especialmente hechizos de destrucción) es clave para derrotarlo.

Jefes opcionales

1. Los asesinos de la Hermandad Oscura

- **Ubicación:** Varias ubicaciones (basadas en misiones)
- **Estadísticas:** Varía según el objetivo, normalmente nivel 20-25.
- **Talento**: Sigilo, puñalada por la espalda y cuerpo a cuerpo con mucho daño.

- → **Estrategia:**

    - **Combatir**: Los objetivos de la Hermandad Oscura se basan en el sigilo y son muy eficientes en el combate cuerpo a cuerpo. Para evitar que te apuñalen por la espalda, utiliza hechizos de invisibilidad y ojo nocturno. Cuando te enfrentes a estos asesinos, es mejor usar armas a distancia (por ejemplo, arco o ballesta) por seguridad.

- **Sigilo:** Colócate con cuidado para evitar que se acerquen sigilosamente detrás de ti. Estar atento a tu entorno es clave para evitar a estos asesinos.

2. **Las misiones de artefactos daédricos: los secuaces de los príncipes daédricos**

- **Ubicación:** Varios santuarios daédricos en Cyrodiil.
- **Estadísticas:** Varía según el príncipe daédrico, normalmente del nivel 25 al 40.
- **Talento**: Único para cada príncipe, incluye fuego, hielo, shock, invocación o control mental.

→ **Estrategia:**

- **Combatir**: Cada Príncipe Daédrico envía un minion o desafío diferente. Por ejemplo, el desafío de Boethiah requiere que luches contra un grupo de enemigos, mientras que la misión de Sheogorath puede incluir la manipulación del entorno. Prepárate para cada uno usando hechizos y armas que contrarresten las habilidades específicas de los Príncipes Daédricos.

- **Mejores armas**: Las armas daédricas y las armaduras pesadas pueden ofrecer protección contra enemigos daédricos de alto nivel.

3. **El admirador adorador**

- **Ubicación:** ciudad imperial
- **Estadísticas:** Nivel 15, salud promedio (~500).

- **Talento:** Sin habilidades de combate reales; puede ser una distracción.

→ Estrategia:

  - **Combatir:** Esta pelea de jefe opcional es una especie de broma, pero es un encuentro interesante. Si te sientes misericordioso, no será difícil derrotar al Adorador. Sin embargo, es mejor dejarlo e ignorar sus travesuras mientras te sigue.

Cómo derrotar a los enemigos más duros: estrategias para cada jefe, incluidos consejos sobre combate, magia y posicionamiento

Mehrunes Dagon

Posicionamiento: La clave para luchar contra Mehrunes Dagon es utilizar el entorno a tu favor. Colócate detrás de una cobertura cuando sea posible para evitar sus ataques con bolas de fuego. Participa en combates a distancia cuando puedas, usando hechizos de destrucción o un arco. Si necesitas acercarte, usa hechizos de invisibilidad o ojo nocturno para acercarte sin ser detectado.

Consejos de combate:

- Usa la resistencia al fuego para combatir sus ataques basados en llamas.
- Invoca aliados con Conjuración para distraerlo y absorber algunos de sus ataques mientras te concentras en infligir daño.
- Los escudos mágicos son cruciales para reducir el daño recibido. Equipa un fuerte hechizo de escudo para absorber su daño de fuego.

La batalla de Kvatch

Posicionamiento: Usa ataques a distancia o hechizos para enfrentarte a los enemigos a distancia. Cuando se abran las Puertas del Olvido, muévete con cuidado y sé consciente de tu entorno.

Consejos de combate:

- Concéntrate primero en los arqueros daédricos, ya que pueden golpearte desde larga distancia.
- Usa invocaciones para distraer a los Dremora Lords mientras te ocupas de otros enemigos.
- Equipa hechizos o pociones de resistencia al fuego para sobrevivir al constante aluvión de ataques de fuego.

Los asesinos de la Hermandad Oscura

Posicionamiento: aprovecha el sigilo para contrarrestar el enfoque sigiloso de la Hermandad Oscura. Utilice Invisibilidad y Night Eye para permanecer invisible. Puedes usar el Adoring Fan como cebo para distraer a los asesinos, o simplemente atacarlos desde la distancia con un arco.

Consejos de combate:

- Equipa flechas envenenadas o apuñala por la espalda con una daga para realizar golpes letales.
- La clave es mantenerse alerta. Los asesinos dependen de ataques furtivos y atraparlos temprano te dará una ventaja.

Jefes secretos: jefes ocultos y encuentros raros, incluido dónde encontrarlos y cómo enfrentarlos

Si bien muchos de los jefes del juego se encuentran a través de misiones principales, varios jefes secretos acechan por todo Cyrodiil. Estos encuentros requieren acciones específicas para desencadenarse, y derrotarlos a menudo recompensa al jugador con elementos raros o logros importantes.

Jefes ocultos

1. **El Gran Maestro de la Hermandad Oscura**

- **Ubicación:** El Santuario de la Hermandad Oscura
- **Estrategia**: Este jefe requiere que completes todas las misiones de asesinato de la Hermandad Oscura. Una vez que hayas llegado a las etapas finales, el Gran Maestro surgirá como un desafío. Usa sigilo y ventajas mágicas para enfrentarte a este jefe. No tengas miedo de convocar criaturas para que se encarguen de los agregados durante la pelea.

2. **El Rey Exánime**

- **Ubicación:** Escondido dentro de las ruinas ayleid
- **Estrategia**: El Rey Exánime es una poderosa entidad no-muerta que requiere que el jugador resuelva un antiguo rompecabezas y recupere la Corona de los No-muertos. Cuando luches, utiliza ataques de Escarcha o Choque para neutralizar la magia de fuego del Rey Exánime. Protégete con hechizos de alteración como Escudo y mantente móvil para evitar su poderoso hechizo de invocación de súbditos.

Habilidades y ataques especiales: ataques específicos de jefes a tener en cuenta y cómo contrarrestarlos

La tormenta de fuego de Mehrunes Dagon:

- **Cómo contrarrestar**: Este poderoso ataque de fuego AoE puede acabar con un grupo de aventureros. Utilice pociones de resistencia al fuego o hechizos de alteración como Escudo para minimizar el daño. Alternativamente, usa Conjuración para convocar criaturas que puedan soportar la peor parte del ataque.

El contraataque de Baurus:

- **Cómo contrarrestar:** Baurus es experto en bloquear y detener tus ataques. Usa hechizos de destrucción para debilitarlo desde la distancia, luego cierra la brecha con tu arma cuerpo a cuerpo una vez que sus defensas estén bajas.

El golpe silencioso de los asesinos de la Hermandad Oscura:

- **Cómo contrarrestar:** Dependen en gran medida del sigilo y la traición. Utilice hechizos Night Eye e Invisibilidad para evitar ser detectado. Lleva pociones curativas y resistencia al veneno para sobrevivir a ataques prolongados.

Las peleas contra jefes en Oblivion Remastered representan algunos de los aspectos más desafiantes pero gratificantes del juego. Ya sea que estés luchando contra los Príncipes Daédricos, enfrentándote a un poderoso Lich o enfrentándote a los sigilosos Asesinos de la Hermandad Oscura, cada encuentro requiere una estrategia cuidadosa, un posicionamiento y el uso correcto de la magia, el combate y las mecánicas de sigilo. Con el enfoque correcto, podrás conquistar a cualquier enemigo que se interponga en tu camino.

CAPÍTULO 7

LISTAS DE ARMAS Y ARTÍCULOS

Lista completa de armas:

En Oblivion Remastered, las armas juegan un papel fundamental en el combate, permitiendo a los jugadores adaptar su estilo de juego según su método ofensivo preferido. Ya sea que prefieras el combate cuerpo a cuerpo con espadas, ataques a distancia con arcos o empuñar poderosos bastones mágicos, Oblivion ofrece una amplia gama de armas, cada una con distintos atributos, beneficios y estrategias de uso. Esta sección cubre la lista completa de armas, incluidas armas cuerpo a cuerpo, armas a distancia, bastones mágicos y armas encantadas, junto con consejos sobre cómo usarlas de manera efectiva en diferentes situaciones de combate.

Armas cuerpo a cuerpo (espadas, hachas, mazas, etc.)

Las armas cuerpo a cuerpo suelen ser la opción preferida para los jugadores que prefieren enfrentarse a los enemigos de cerca. Estas armas son efectivas para causar daño físico directo, y cada tipo tiene sus propias ventajas y debilidades. La elección del arma influye en gran medida en tus tácticas de combate y en la progresión de tu personaje.

espadas

Las espadas son el tipo de arma más versátil y común en Oblivion. Son rápidos, confiables y ofrecen una buena producción de daño mientras mantienen un alcance decente. Las espadas son ideales para jugadores que quieren un equilibrio entre velocidad y daño.

- **Fortalezas:** Alta velocidad de ataque, excelente para golpes combinados y ataques rápidos. Buen equilibrio entre ataque y defensa.

- **Debilidades:** Daño moderado en comparación con otras armas cuerpo a cuerpo. Menos efectivo contra enemigos fuertemente blindados.

- **RRecomendado para:** Construcciones híbridas, ladrones y luchadores ligeros que necesitan velocidad y movilidad.

- **Mejores espadas:**

  - **Espada de Plata**: Ideal para luchar contra enemigos no-muertos o daédricos.

- **Casa antigua:** Un arma de dos manos con más daño pero menor velocidad de ataque.

- **Espada daédrica:** Una de las mejores espadas del juego, con gran daño y excelente durabilidad.

ejes

Las hachas causan más daño que las espadas pero tienen velocidades de ataque más lentas. Son particularmente efectivos contra enemigos con armadura pesada debido a su alto daño. Las hachas son una excelente opción para construcciones estilo tanque que dependen de infligir un gran daño de cerca.

- **Fortalezas**: Alto daño, efectivo contra enemigos blindados, puede causar daños graves con cada golpe.

- **Debilidades:** Velocidad de ataque lenta, lo que los hace menos efectivos en situaciones en las que necesitas ataques rápidos y consecutivos.

- **Recomendado para:** Construcciones de tanque/caza que quieren causar mucho daño y centrarse en el combate ofensivo.

- **Bson ejes:**

  - **Hacha de guerra:** Un arma equilibrada que ofrece un daño decente sin demasiada ralentización.

  - **Hacha de batalla enana:** Alto daño y una buena opción para configuraciones de tanques.

  - **Hacha de batalla daédrica**: Una de las mejores hachas, que ofrece un daño masivo y un alto poder de ataque.

Mazas

Las mazas son más lentas que las espadas y las hachas, pero dan golpes devastadores que pueden ignorar una parte de la armadura del enemigo. Las mazas son particularmente útiles para personajes centrados en tanques y son ideales para enfrentarse a enemigos con alta defensa, como caballeros y enemigos con armadura.

- **Fortalezas:** Alto nivel de daño, habilidades perforantes, excelente para enemigos duros.

- **Debilidades**: Velocidad de ataque lenta y corto alcance. Requiere un enfoque de combate más lento y metódico.

- **Recomendado para:** Construcciones de tanques/caza o jugadores que buscan luchar contra enemigos duros con armadura pesada.

- **Mejores mazas:**
  - **Maza de hierro:** Una maza básica pero sólida que causa un daño constante.

  - **Mac enano**e: Mayor daño y mejor durabilidad para batallas más duras.

  - **Maza daédrica**: Una de las mejores armas del juego para producir daño bruto.

Dagas

Las dagas son las armas cuerpo a cuerpo más rápidas del juego y destacan por su sigilo y su daño por golpe crítico. Si bien su daño base es bajo en comparación con las espadas o las hachas, lo compensan con velocidad y la capacidad de realizar asesinatos sigilosos. Las dagas son ideales para asesinos, ladrones o cualquiera que se centre en tácticas de sigilo.

- **Fortalezas:** Extremadamente rápido, ideal para ataques sigilosos y rápidos. Ideal para puñaladas por la espalda y golpes críticos.

- **Debilidades:** Daño bajo en comparación con otras armas cuerpo a cuerpo. No es efectivo en combate directo.

- **Recomendado para:** Personajes sigilosos, asesinos y ladrones.

- **Mejores dagas:**
    - **Daga de hierro:** Una daga básica con velocidad de ataque rápida y utilidad razonable.
    - **Daga de cristal**: Alta calidad y rápido, ideal para asesinatos sigilosos.
    - **La navaja de Mehrunes:** Una daga de artefacto daédrico única con la posibilidad de matar instantáneamente a un enemigo al golpearlo.

Armas a distancia (arcos, ballestas)

Las armas a distancia en Oblivion Remastered son esenciales para los jugadores que prefieren infligir daño a distancia, manteniendo a los enemigos a raya mientras mantienen el control del campo de batalla. El combate a distancia depende en gran medida de la precisión, la distancia y la táctica.

Arcos

Los arcos son el arma a distancia más común en Oblivion. Ofrecen una gran versatilidad y un alto nivel de daño, especialmente cuando se combinan con flechas especiales como flechas de fuego, flechas venenosas o flechas plateadas. Los arcos son excelentes para personajes sigilosos, ya que permiten matar silenciosamente desde la distancia.

- **Fortalezas:** Excelente alcance y versatilidad. Silencioso, lo que permite asesinatos sigilosos.
- **Debilidades:** Limitado en combate cuerpo a cuerpo y dependiente de flechas como munición.
- **Recomendado para:** Sigilo, arqueros y jugadores que prefieren el combate a distancia.

- **Mejores arcos:**
  - **Arco élfico**: Un arco equilibrado con daño y velocidad decentes.
  - **Arco de Cristal del Príncipe Ciervo:** Un arco poderoso con un daño base alto y un efecto único.
  - **Arco daédrico:** Uno de los mejores arcos del juego, que ofrece un daño y una precisión extremadamente altos.

ballestas

Las ballestas son similares a los arcos, pero ofrecen más daño a costa de una velocidad de disparo más lenta. Las ballestas destacan por su daño bruto y son ideales para los jugadores que prefieren un alto nivel de daño en un estilo de combate más metódico. Sin embargo, las ballestas también requieren pernos (municiones) y son más lentas para recargar y disparar que los arcos.

- **Fortalezas**: Alto nivel de daño, particularmente útil en combate contra enemigos fuertemente blindados.
- **Debilidades**: Velocidad de disparo lenta y munición limitada.
- **Recomendado para:** Causadores de mucho daño o jugadores que prefieren ataques lentos y calculados.

- **Mejores ballestas:**

- ○ **Ballesta enana:** Una ballesta sólida y de alto daño ideal para golpes fuertes.

- ○ **Ballesta daédrica:** Extremadamente poderoso, perfecto para infligir daño masivo a enemigos duros.

Bastones mágicos y armas encantadas

Los bastones mágicos y las armas encantadas en Oblivion Remastered añaden una capa extra de versatilidad a tus opciones de combate. Estos elementos pueden lanzar hechizos automáticamente cuando se usan o tener efectos mágicos vinculados a ellos. Son especialmente útiles para magos, configuraciones híbridas o aquellos que quieren agregar un poco de magia a su estilo de combate.

Bastones mágicos

Los bastones mágicos son armas únicas en Oblivion porque no solo causan daño físico sino que también te permiten lanzar hechizos. Algunos bastones lanzan automáticamente un hechizo cuando se usan en combate, mientras que otros proporcionan ventajas o desventajas.

- **Fortalezas:** Proporciona acceso a hechizos sin consumir Magicka. Útil para personajes híbridos o magos que buscan mezclar el combate físico con la magia.
- **Debilidades:** Menor daño físico en comparación con espadas o hachas. Las duelas suelen ser más lentas y engorrosas.
- **Recomendado para**r: Magos o construcciones híbridas de lanzador de hechizos/luchador.

- **Mejores bastones mágicos:**
  - ○ **Bastón de Magnus:** El bastón más poderoso del juego, que inflige daño mágico de destrucción y absorbe la

magia del enemigo.

- ○ **Personal del Everscamp**: Te permite invocar un Everscamp para que te ayude en la batalla, lo que lo hace ideal para jugadores que desean solicitar ayuda adicional.

Armas encantadas

Las armas encantadas son armas mágicas que proporcionan efectos adicionales además de su daño físico. Estos efectos pueden variar desde daño elemental (fuego, shock, escarcha) hasta habilidades para robar vidas o debilitar a tus enemigos. El encantamiento permite una gran flexibilidad y estas armas son una excelente manera de lidiar con las debilidades específicas del enemigo.

- **Fortalezas**: Puede causar daño elemental o proporcionar efectos de estado, lo que te da ventaja contra tipos específicos de enemigos. También pueden mejorar la efectividad general del combate de tu personaje.

- **Debilidades**: Limitado en número de usos, ya que el encantamiento puede eventualmente agotarse dependiendo de la carga del arma.

- **Recomendado para**: Todos los estilos de juego. Especialmente útil para jugadores que quieren apuntar a las debilidades de ciertos enemigos.

- **Mejores armas encantadas:**
  - ○ **Espada de Jyggalag**: Un arma artefacto que aumenta la fuerza y causa daño físico y mágico.

- Volendrung: Un artefacto daédrico que absorbe la resistencia de los enemigos y puede usarse junto con otras configuraciones cuerpo a cuerpo.

Las mejores armas para clases de combate y estilos de juego

Elegir la mejor arma para tu clase de combate en Oblivion Remastered puede afectar significativamente tu desempeño en la batalla. A continuación se muestran algunas de las mejores armas para cada estilo de juego.

Luchadores cuerpo a cuerpo (construcciones de tanques/caza)

Para las construcciones de tanques y cazas, querrás armas pesadas que causen un daño significativo y al mismo tiempo ofrezcan una buena protección. Las mazas y las hachas son ideales para estas construcciones.

- Mejores armas:
  - Maza daédrica: Alto daño, ideal para construcciones de tanques.
  - Hacha de batalla daédrica: Por infligir grandes cantidades de daño con cada golpe.

Construcciones sigilosas/asesinas

Las configuraciones sigilosas y asesinas se centran en la velocidad, la agilidad y los golpes críticos. Las dagas y los arcos son perfectos para estas configuraciones, ya que permiten muertes silenciosas y ataques rápidos.

- **Mejores armas:**
    - ○ **Mehrunes' Razor**: Una daga con la posibilidad de matar instantáneamente.
    - ○ **Arco de Cristal del Príncipe Ciervo**: Excelente para asesinatos sigilosos y a distancia.

Construcciones de mago/lanzador de conjuros

Las construcciones mágicas requieren armas que mejoren las habilidades mágicas, como bastones mágicos y armas encantadas. Estas armas permiten a los magos luchar con hechizos manteniendo sus habilidades mágicas.

- **Mejores armas:**
    - ○ **Bastón de Magnus**: Excelente para destrucción y absorción de Magicka.

    - ○ **Wabbajack:** Un bastón daédrico único que transforma a los enemigos en criaturas aleatorias.

Armadura y escudos, objetos únicos y legendarios, artesanía y encantamientos

Armadura y escudos: lista completa de armaduras, escudos y cómo fabricarlos/encantarlos

Las armaduras y los escudos son componentes esenciales de tu defensa en Oblivion Remastered, y ofrecen protección contra los numerosos peligros que deambulan por Cyrodiil. Con una variedad de tipos de armadura disponibles, puedes elegir especializarte en armadura ligera, media o pesada según tu estilo de juego. Además, los escudos son invaluables para bloquear los ataques entrantes y mantener la defensa durante el combate. En esta sección, analizaremos los diferentes tipos de armaduras y escudos, explicaremos cómo crearlos y encantarlos y brindaremos consejos sobre cómo maximizar su defensa.

Tipos de armadura

La armadura en Oblivion se clasifica en tres tipos principales: armadura ligera, media y pesada. Cada tipo de armadura ofrece diferentes beneficios y desventajas, y tu elección de armadura debe alinearse con la constitución de tu personaje.

Armadura ligera

La armadura ligera proporciona menos protección que los conjuntos más pesados, pero ofrece mayor agilidad y velocidad, lo que la hace ideal para personajes sigilosos que necesitan moverse rápidamente. Este tipo de armadura reduce la pérdida de resistencia al correr y permite un mejor rendimiento sigiloso.

- **Fortalezas:** Mayor velocidad, agilidad y efectividad sigilosa. Baja pérdida de resistencia.
- **Debilidades**: Resistencia al daño reducida en comparación con la armadura media o pesada.
- **Mejor para:** Ladrones, arqueros, asesinos o cualquier configuración basada en el sigilo.

Los mejores conjuntos de armaduras ligeras:

- **Armadura de cuero**: Armadura ligera estándar, que ofrece protección básica.
- **Armadura élfica:** Un paso adelante respecto al cuero, que proporciona mayor resistencia al daño y mejor protección mágica.

- **Armadura de cristal**: Uno de los mejores conjuntos de armadura ligera del juego, que ofrece una alta defensa con un peso relativamente bajo.

Armadura media

La armadura media proporciona un equilibrio entre protección y velocidad. Es perfecto para construcciones híbridas, ya que ofrece una buena defensa y al mismo tiempo permite una movilidad decente.

- **Fortalezas:** Buen equilibrio entre defensa y velocidad. Pérdida de resistencia reducida en comparación con la armadura pesada.
- **Debilidades**: Defensa ligeramente menor que la armadura pesada.
- **Mejor para:** Construcciones híbridas, guerreros que se centran en la ofensiva y la defensa.

Los mejores conjuntos de armaduras medianas:

- **Armadura de cota de malla:** Ofrece una buena defensa manteniendo un peso relativamente bajo.

- **Armadura enana**: Más fuerte que Chainmail y proporciona más protección.

- **Armadura orca**: Una armadura robusta con una gran defensa, lo que la hace adecuada tanto para combate cuerpo a cuerpo como a distancia.

Armadura pesada

La armadura pesada ofrece la mejor protección del juego, pero tiene el costo de la velocidad y la resistencia. Esta armadura es mejor para personajes centrados en tanques que pueden recibir golpes y causar grandes daños a cambio.

- **Fortalezas:** Alta resistencia al daño, especialmente contra ataques físicos.
- **Debilidades**: Movimiento más lento y mayor consumo de resistencia.
- **Mejor para:** Tanques, guerreros y configuraciones se centraron en absorber el daño y permanecer en primera línea.

Los mejores conjuntos de armaduras pesadas:

- **Armadura de hierro**r: Básico pero eficaz, que proporciona una protección decente para niveles inferiores.
- **Armadura daédrica**r: La mejor armadura pesada de Oblivion, que ofrece la defensa más alta del juego. Este conjunto de armadura es muy pesado pero puede hacerte casi invencible en la batalla.
- **Armadura de ébano:** Una armadura pesada y resistente de nivel medio que ofrece una protección sólida con una ligera reducción de peso en comparación con la armadura daédrica.

Escudos

Los escudos son indispensables para bloquear ataques y mantener la defensa, especialmente en el combate cuerpo a cuerpo. Se pueden usar junto con armas de una mano o para mejorar tu capacidad de supervivencia en la batalla.

Tipos de escudos

- **Escudos:** Pequeños escudos que permiten movimientos rápidos y ataques más rápidos. Ideal para construcciones ágiles y de rápido movimiento.

- **Escudos de cometa**: Escudos más grandes que ofrecen mejor cobertura y estadísticas defensivas, lo que los hace ideales para configuraciones estilo tanque.
- **Escudos de torre**: Los escudos más grandes, que proporcionan el índice defensivo más alto pero reducen significativamente la velocidad de movimiento y la resistencia.

Mejores escudos:

- **Escudo de Hierro:** Un escudo básico, ideal para principiantes.
- **Escudo enano**: Ofrece una mejor protección y defensa contra daños físicos.
- **Escudo daédrico:** El mejor escudo del juego, con las estadísticas defensivas más altas. Combinado con la armadura daédrica, este escudo te hace casi inmune al daño.

Objetos únicos y legendarios: tesoros escondidos, poderosas armas únicas y artefactos

A lo largo de Oblivion Remastered, los jugadores pueden adquirir elementos únicos y legendarios que pueden cambiar el rumbo de la batalla. Estos raros artefactos a menudo vienen con poderosos efectos mágicos y muchos están vinculados a misiones o al favor de los Príncipes Daédricos. A continuación se muestra una lista de algunos de los elementos más poderosos e icónicos del juego.

Armas legendarias

1. La navaja de Mehrunes

   - **Tipo**: Daga
   - **Efecto:** Posibilidad de matar instantáneamente a cualquier enemigo al golpear.
   - **Dónde encontrar:** Santuario de Mehrunes Dagon.

- Fortalezas: Probabilidad extremadamente alta de una muerte instantánea. Es imprescindible para construcciones sigilosas.
- Debilidades: Daño base bajo en comparación con otras armas, pero su efecto de muerte instantánea la hace increíblemente poderosa para personajes astutos.

2. wabbjack
   - Tipo: Staff
   - Efecto: Transforma aleatoriamente a los enemigos en diferentes criaturas.
   - Dónde encontrar: Santuario de Sheogorath.
   - Fortalezas: Proporciona un caos hilarante en combate, transformando instantáneamente a los enemigos en criaturas aleatorias que pueden ser débiles o incluso inofensivas.
   - Debilidades: Es impredecible, por lo que es posible que no siempre funcione según lo planeado.

3. Anillo de Hircine

   - Tipo: Anillo
   - Efecto: Permite al usuario transformarse en un hombre lobo a voluntad.
   - Dónde encontrar: Santuario de Hircine.
   - Fortalezas: La transformación de hombre lobo te brinda fuerza, velocidad y salud mejoradas durante un corto período de tiempo.
   - Debilidades: La transformación puede hacerte vulnerable a ciertos tipos de magia o enemigos resistentes a los hombres lobo.

4. La espada de Jyggalag

- **Tipo:** Espada
- **Efecto:** Alto daño, excelente tanto para combate cuerpo a cuerpo como para uso mágico.
- **Dónde encontrar:** El DLC Shivering Isles, durante la línea de misiones Madness of King Jyggalag.
- **Fortalezas:** Una gran combinación de magia y daño físico.
- **Debilidades:** Requiere cierto progreso en la misión para adquirirlo y debes completar condiciones específicas para usarlo.

Armadura legendaria

1. **Armadura del cruzado**
- **Tipo:** Conjunto de armadura completa
- **Efecto:** Proporciona un impulso significativo a la defensa y resistencia contra las fuerzas daédricas.
- **Dónde encontrar**: Línea de misiones del DLC Caballeros de los Nueve.
- **Fortalezas**: Proporciona protección contra fuego, magia y daños físicos. También tiene el beneficio adicional de mejorar el habla cuando se usa.
- **Debilidades:** Armadura pesada que ralentiza significativamente tu velocidad de movimiento.
2. **La capucha del zorro gris**

- **Tipo:** Capucha
- **Efecto:** Otorga invisibilidad y mayor éxito en los carteristas.
- **Dónde encontrar:** Línea de misiones del gremio de ladrones.
- **Fortalezas:** El efecto de invisibilidad te permite escabullirte sin ser detectado, lo que lo hace perfecto para construcciones sigilosas.

- **Debilidades**: Limitado a personajes sigilosos y no se puede usar en combate directo.

Elaboración y encantamiento: cómo crear tus propias armas y armaduras, y usar encantamientos para aumentar tu poder

La elaboración y el encantamiento son dos de las funciones más emocionantes y gratificantes de Oblivion Remastered. Estas mecánicas te permiten personalizar tus armas, armaduras y equipo para adaptarlos a tu estilo de juego específico. Ya sea que quieras crear el arma más poderosa del juego o crear una armadura que mejore tus habilidades, aquí tienes todo lo que necesitas saber sobre creación y encantamiento.

Elaboración de armas y armaduras

1. **Herrería:** A diferencia de los juegos posteriores de Elder Scrolls, Oblivion Remastered no tiene un sistema de herrería profundo para crear objetos. Sin embargo, aún puedes encontrar y reparar armas y armaduras, así como mejorarlas usando la habilidad Armero. Esta habilidad te permite reparar armas y armaduras rotas para mantenerlas en óptimas condiciones.

2. **Cómo elaborar:** Si bien no puedes fabricar armas directamente en Oblivion, puedes combinar elementos para crear armas más fuertes. Por ejemplo, puedes combinar una gema encantada con un arma para mejorar sus propiedades mágicas. Usar la alquimia para elaborar pociones también puede mejorar tus habilidades de combate.

3. **Los mejores materiales de elaboración:** Lleve siempre un buen stock de lingotes de hierro, vidrio y materiales de ébano, ya

que son necesarios para mejorar o fabricar artículos de alta calidad.

Armas y armaduras encantadoras

Encantar te permite imbuir armas, armaduras y anillos con propiedades mágicas. Estos encantamientos pueden aumentar el daño, otorgar habilidades especiales o mejorar la defensa.

1. **Estaciones encantadoras:** Para encantar objetos, deberás visitar un Altar encantador. Estos altares se encuentran en lugares específicos o mediante misiones.

2. **Ingredientes encantadores:** Necesitarás tener gemas del alma (pequeñas o grandes) llenas de almas de criaturas. Cuanto más poderosa es el alma, más poderoso es el encantamiento.

3. **Proceso encantador**: Selecciona el arma o armadura que deseas encantar, elige el efecto mágico deseado y llena la gema del alma. Los encantamientos comunes incluyen Absorber salud, Daño de fuego y Fortalecer fuerza.

Mejores encantamientos:

- **Absorber salud:** Te cura mientras infliges daño.
- **Daños por incendio**: Excelente para infligir daño adicional a enemigos débiles al fuego.
- **Fortificar fuerza:** Aumenta tu fuerza para aumentar el daño y la capacidad de carga.

En Oblivion Remastered, comprender tus elecciones de armas y cómo complementan tu estilo de juego es esencial para tener éxito. Adapta siempre tu equipo a las fortalezas de tu personaje, enfocándote en las armas y armaduras que respalden tu constitución. Encantar armas, utilizar bastones y elegir la armadura adecuada para tu rol de combate asegurará que tengas las herramientas necesarias para enfrentar los desafíos más difíciles en Tamriel. Recuerda mantener tu inventario organizado y priorizar los elementos que te ayudarán en la batalla. Con la preparación y la estrategia adecuadas, podrás dominar a todos los jefes y enemigos que se interpongan en tu camino.

CAPÍTULO 8

SECRETOS Y HUEVOS DE PASCUA

Ubicaciones ocultas: descubre mazmorras secretas, cuevas y ubicaciones no marcadas en Cyrodiil

Oblivion Remastered está lleno de innumerables lugares ocultos que se encuentran fuera de lo común. Es fácil pasar por alto estas mazmorras secretas, cuevas y lugares sin marcar, pero contienen valiosas recompensas, objetos raros y enemigos poderosos. Descubrir estas gemas ocultas agrega capas de profundidad al juego, recompensando a los jugadores que se toman el tiempo para explorar más allá de la misión principal y las misiones secundarias.

Mazmorras y cuevas secretas

1. **La cueva del niño perdido**
   - **Ubicación:** La cueva está ubicada al suroeste de Anvil, cerca de Gold Coast. Está escondido detrás de una gran pared rocosa y no está marcado en el mapa, por lo que es fácil pasarlo por alto.

   - **Qué esperart:** En el interior, encontrarás una escalofriante búsqueda fantasmal vinculada al fantasma de un niño que ronda la cueva. Esta cueva contiene varios enemigos no-muertos, incluidos fantasmas y espectros, junto con una reliquia única por descubrir. El cofre del tesoro al final contiene un poderoso artefacto, el Anillo del Niño Perdido, que otorga al usuario la capacidad de convocar aliados fantasmales.

2. El sepulcro olvidado

- **Ubicación:** El Sepulcro Olvidado se encuentra cerca del DLC Shivering Isles. Se encuentra dirigiéndose al sureste de la puerta principal y girando a la derecha justo antes de un gran grupo de rocas.

- **Qué esperar:** Esta mazmorra está escondida en un bosque remoto y contiene varios acertijos, trampas mortales y un encuentro con un jefe no-muerto único, el Gravekeeper. En su interior encontrarás valiosos objetos rituales que puedes utilizar para crear y encantar, incluida una rara túnica de nigromante.

3. La bóveda perdida de Cyrodiil

- Ubicación: La Bóveda Perdida está enterrada profundamente bajo la Ciudad Imperial, y solo se puede acceder a ella a través de una entrada oculta debajo de un sistema de alcantarillado inundado.

- **Qué esperar:** Esta bóveda del tesoro guarda riquezas olvidadas, incluido un conjunto de armas únicas que están imbuidas de propiedades mágicas, pero entrar no es fácil. La mazmorra está llena de duros bandidos, esqueletos y trampas mágicas. Sin embargo, la verdadera recompensa es la Espada de la Bóveda, un arma única que solo se puede desbloquear resolviendo una serie de acertijos escondidos dentro de la bóveda.

4. Aguja de Risco Escarchado

- **Ubicación:** Esta es una ubicación de DLC que se puede encontrar al norte de Bruma, en la cima de una montaña nevada.

- **Qué esperar**: La propia aguja está llena de secretos mágicos, cámaras ocultas y acceso a los recursos definitivos de la Universidad Arcana. En su interior podrás encontrar libros ocultos, ingredientes alquímicos y artefactos raros que te permitirán crear poderosos hechizos. También es el hogar de una rara montura, la Frostbite Spider, que puede ser domesticada y montada.

Ubicaciones no marcadas

1. El claro prohibido

- **Ubicación:** Ubicado en la cuenca de Nibenay, al sur de la ciudad de Skingrad, el Claro Prohibido se puede encontrar saliendo de las carreteras principales y encontrando un pequeño claro en el denso bosque. No está marcado en el mapa y tendrás que confiar en tus habilidades de exploración para encontrarlo.

- **Qué esperar:** El Claro Prohibido alberga un grupo de ruinas ayleid con artefactos raros de la antigüedad. Encontrarás un pozo Ayleid oculto que proporciona beneficios mágicos, incluida una capacidad de regeneración de salud permanente para el jugador. Sin embargo, enemigos peligrosos, como espíritus ancestrales, custodian la entrada, y sólo aquellos expertos en magia o sigilo sobrevivirán.

2. Ruinas malditas del alcance de Pell

- **Ubicación:** Cerca del río Corbolo al suroeste de Cheydinhal. Esta ubicación está escondida dentro de las ruinas de Pell's Reach, una gran fortaleza en ruinas. Esta área no aparece en el mapa, pero los jugadores pueden encontrarla viajando a la parte más al sur del río Corbolo.

- **Qué esperar:** Tas ruinas están perseguidas por los fantasmas de antiguos soldados, maldecidos a defender la Bóveda de Pell's Reach, que contiene tesoros y reliquias de los reyes Ayleid. El cofre de la bóveda contiene joyas ayleid raras y armas encantadas a las que solo se puede acceder una vez que derrotas a los guardianes de las ruinas.

Misiones ocultas: completa misiones que son fáciles de perder, incluido contenido adicional especial y recompensas

Oblivion Remastered está lleno de misiones ocultas, muchas de las cuales son fáciles de pasar por alto, pero recompensan a los jugadores con elementos raros, habilidades únicas y artefactos poderosos. Algunas de estas misiones están vinculadas a facciones específicas o ubicaciones ocultas, y a muchas solo se puede acceder a ellas si te esfuerzas por encontrarlas. A continuación se muestran algunas de las misiones ocultas que es fácil pasar por alto pero que ofrecen valiosas recompensas y una experiencia enriquecedora.

La petición del Dios loco (la misión de Sheogorath)

- **Ubicación:** SDLC Hivering Isles. Esta línea de misiones está oculta dentro de Shivering Isles, un área de DLC única a la que se puede acceder después de completar ciertas misiones principales en Cyrodiil.

- **Qué esperar:** Tendrás la tarea de completar una serie de desafíos extraños y extravagantes para Sheogorath, el Príncipe Daédrico de la Locura. Las tareas van desde resolver extraños acertijos hasta navegar a través de reinos alucinantes donde se pondrá a prueba tu lógica. Al finalizar, obtendrás el Bastón de Sheogorath, una poderosa herramienta que crea efectos aleatorios, como confundir a los enemigos o transformarlos en otras criaturas.

La misión de la flecha negra (búsqueda del gremio de ladrones)

- **Ubicación: Soy**ciudad perial. Esta misión la ofrece Armand Christophe, el líder del Gremio de Ladrones. Está oculto hasta que te conviertes en miembro de pleno derecho del gremio.

- **Qué esperar**: La misión consiste en recuperar un artículo robado del patrimonio de un funcionario de alto rango. Para tener éxito, debes infiltrarte sigilosamente en la propiedad, evitar a los guardias y recuperar la Flecha Negra, una pieza de joyería única que tiene el poder de mejorar tus habilidades de sigilo. Completar esta misión te otorgará acceso a artefactos raros del Gremio de Ladrones y desbloqueará áreas secretas en las bóvedas del gremio.

La tumba perdida de los desamparados

- **Ubicación:** En Cheydinhal, los jugadores pueden encontrar la Tumba Perdida hablando con un NPC aleatorio en la ciudad que menciona un mapa críptico.

- **Qué esperar**: Esta misión te lleva a una tumba oculta, que es el hogar de poderosos enemigos no-muertos, incluido un señor vampiro y sus esclavos. La tumba contiene varias armas y artefactos únicos vinculados a un antiguo clan de vampiros. La recompensa final incluye un amuleto de vampiro, que otorga al jugador fuerza vampírica y la capacidad de convocar vampiros menores.

La Casa de los Muertos (El secreto del nigromante)

- **Ubicación**: En el norte de Skingrad, cerca de las montañas.

- **Qué esperar:** Esta línea de misiones está disponible después de derrotar a un grupo de Nigromantes que han escondido un artefacto peligroso dentro de una casa abandonada. La misión te recompensa con un libro de hechizos único y habilidades nigrománticas, así como un arma daédrica secreta ligada al linaje del nigromante.

Huevos de Pascua: referencias divertidas y ocultas a otros juegos de Elder Scrolls y a la cultura pop

Oblivion Remastered está lleno de huevos de Pascua ocultos, muchos de los cuales son referencias a juegos anteriores de Elder Scrolls o a la cultura pop. Estos pequeños guiños brindan sentido del humor y recompensan a los jugadores que se toman el tiempo de explorar cada rincón de Cyrodiil. A continuación se muestran algunos huevos de Pascua divertidos que se encuentran dispersos por todo el mundo de Tamriel.

The Elder Scrolls V: Referencia de Skyrim (The Dragonborn)

- **Ubicación:** En Bruma, puedes encontrar a un soldado nórdico que menciona ser Dragonborn, una clara referencia a Skyrim, el próximo juego de la serie Elder Scrolls.

- **Qué esperar:** El soldado ofrece un diálogo único que presagia los acontecimientos de Skyrim y, si haces las preguntas correctas, podrás aprender sobre las antiguas profecías sobre los dragones que regresan a Tamriel.

Referencias de Oblivion Gate (Pacto de los Cinco)

- **Ubicación**: Cerca de Shivering Isles, encontrarás una puerta de Oblivion que conduce a un reino de locura donde aparecen criaturas aleatorias y artefactos daédricos. Esta es una referencia directa a las puertas del Olvido de The Elder Scrolls III: Morrowind.

- **Qué esperar**: Los enemigos son poderosos y las puertas están llenas de tesoros escondidos, incluido equipo daédrico poco común que no se puede encontrar en ningún otro lugar del juego.

Huevo de Pascua de Star Wars (El Droide)

- **Ubicación: En** En la Ciudad Imperial, hay un droide robótico disfrazado de comerciante.

- **Qué esperar:** El droide habla con una extraña voz electrónica y ofrece un "objeto especial" gratuito a los jugadores que puedan adivinar las preguntas correctas. El droide hace referencia a Star Wars en su diálogo con líneas como "Tengo un mal presentimiento sobre esto". Al finalizar el diálogo, el jugador recibe un arma bláster única, que es simplemente un divertido homenaje a la franquicia Star Wars.

Códigos de trucos y comandos de consola: cómo desbloquear trucos, comandos secretos y equipo potente con anticipación

Oblivion Remastered ofrece varios códigos de trucos y comandos de consola que pueden modificar tu experiencia de juego, desbloquear equipos poderosos temprano y proporcionar habilidades secretas. Esta sección cubre algunos de los trucos y comandos de consola más útiles que puedes ingresar para mejorar tu aventura en Cyrodiil.

Cómo utilizar los comandos de la consola

Para acceder a los comandos de la consola, presione la tecla de tilde (~), ubicada debajo de la tecla Esc en su teclado. Esto abrirá el símbolo del sistema donde podrá ingresar varios trucos y códigos.

Comandos de consola más populares

- **Player.additem [código de artículo] [cantidad]:** Este comando le permite agregar artículos directamente a su inventario. Por ejemplo, para agregar 100 de oro, ingresarías: jugador.additem f 100.

- Player.additem 0000000f 100: Agrega 100 de oro a tu inventario.

- **Player.addspell [código de hechizo]:** Úsalo para agregar hechizos a tu personaje. Por ejemplo, para obtener el hechizo "Invisibilidad", puedes ingresar jugador.addspell 0005d3f1.

- **Coc [ubicación]:** Te teletransporta a una ubicación específica del juego. Por ejemplo, coc kvatch te teletransportará instantáneamente a Kvatch.

- **TGM:** Alterna el Modo Dios, haciéndote invulnerable a todo daño.

- **Tim:** Alterna la inmortalidad de tu personaje, lo que significa que no hay muerte de ninguna fuente.

- **Reproductor.additem 0009b61b 1:** Te otorga el Anillo de Hircine, que permite la transformación de hombre lobo.

Oblivion Remastered es un vasto mundo lleno de secretos, tesoros escondidos, referencias divertidas y muchos desafíos que te mantendrán involucrado. Desde explorar lugares ocultos y completar misiones perdidas hasta descubrir huevos de Pascua y usar códigos de trucos, no falta contenido por descubrir. Ya sea que estés buscando objetos raros, poderosos artefactos daédricos o referencias divertidas a la cultura pop, Cyrodiil es un mundo que vale la pena explorar más allá de la historia principal. Tómate el tiempo para buscar estos secretos y serás recompensado con equipo único, habilidades y nuevas aventuras que harán que tu viaje en Oblivion Remastered sea aún más gratificante.

CAPÍTULO 9

CONSEJOS Y TRUCOS

Maximizar la eficiencia: consejos rápidos para subir de nivel, ganar dinero y reunir recursos

En Oblivion Remastered, la eficiencia es clave para progresar rápidamente en el juego y maximizar tu tiempo y esfuerzo. Ya sea que estés subiendo de nivel a tu personaje, ganando oro o reuniendo materiales para manualidades y alquimia, el juego ofrece muchas formas de agilizar tu viaje y aprovechar al máximo tu juego. Esta sección proporciona una serie de consejos y estrategias de expertos que lo ayudarán a subir de nivel más rápido, ganar dinero de manera más eficiente y reunir recursos de manera efectiva.

Subir de nivel rápidamente

Subir de nivel en Oblivion es un aspecto importante del juego, y maximizar tu eficiencia al hacerlo te permitirá acceder a habilidades, equipos y misiones de mayor nivel. Aquí se explica cómo subir de nivel de manera más eficiente:

1. **Centrarse en las habilidades principales**: En Oblivion, tu personaje sube de nivel según cuántas veces mejoras tus habilidades principales. Cuanto más uses una habilidad que se considera importante (como Espada, Destrucción o Restauración), más rápido subirás de nivel. Asegúrate de concentrarte en las habilidades principales que se alinean con tu

estilo de juego y úsalas con frecuencia durante tus aventuras para subir de nivel más rápidamente.

2. **Entrena con entrenadores:** Algunos NPC pueden entrenarte en habilidades específicas. Esta es una excelente manera de mejorar rápidamente ciertas habilidades sin necesidad de dedicar horas de práctica. Por ejemplo, Henantier en la Ciudad Imperial puede entrenarte en la habilidad Tirador. El entrenamiento suele estar limitado a cinco niveles por habilidad, así que asegúrate de aprovechar a los entrenadores siempre que puedas.

3. **Dormir en camas para subir de nivel:** Después de mejorar las habilidades necesarias, dormir en camas desencadenará el proceso de nivelación. Cada vez que duermas, el juego te pedirá que aumentes tus atributos. Concéntrate en subir de nivel la Fuerza, la Resistencia y la Inteligencia desde el principio, ya que estos atributos mejorarán significativamente tu efectividad mágica y de combate.

4. **Utilice libros y entrenadores de habilidades para obtener experiencia adicional**e: Se pueden encontrar ciertos libros de habilidades en el juego que aumentarán una habilidad específica en un nivel. Estos libros brindan experiencia adicional sin que tengas que usar esa habilidad directamente. Combine esto con entrenamiento para maximizar su progresión.

5. **No te centres en todo a la vez:** Si intentas subir de nivel todas las habilidades a la vez, es posible que tu progresión sea lenta, ya que no alcanzarás los umbrales necesarios en las habilidades principales para subir de nivel. En su lugar, concéntrate en dos o tres habilidades clave que quieras mejorar desde el principio y deja el resto para niveles posteriores.

Ganar dinero de manera eficiente

Ganar dinero es una parte esencial de Oblivion Remastered, ya sea que estés comprando mejor equipo, abasteciéndote de pociones o simplemente adquiriendo riquezas para financiar tu misión. A continuación le explicamos cómo ganar dinero de forma rápida y eficiente:

1. **Saquea todo y véndelo**: El método más sencillo para ganar dinero en Oblivion es saquear todo lo que hay en mazmorras, ciudades y áreas silvestres. Ya sean armas, armaduras o pociones, el botín se puede vender por una cantidad decente de oro. Una vez que tengas suficientes artículos, dirígete al comerciante más cercano y véndelos. A menudo obtendrás más oro vendiendo artículos únicos o encantados.

2. **Crear y vender pociones:** Si te concentras en la alquimia, puedes crear pociones para venderlas a un precio elevado. Recoge ingredientes mientras exploras y combínalos para hacer pociones curativas, fortificantes y de resistencia. El mercado para este tipo de pociones es constantemente alto. Fortificar las pociones de Alquimia, que aumentan tus habilidades de elaboración, hará que tus pociones sean aún más valiosas.

3. **Robo de carteras:** Si ha invertido en Sneak and Pickpocketing, puede ganar mucho oro robando NPC. Los nobles, comerciantes y magos de alto rango llevan objetos valiosos que pueden robarse y venderse para obtener ganancias. Necesitarás una gran habilidad de Sigilo para ser eficaz en esto, y algo de armadura ligera también puede ser beneficiosa para escapar rápidamente.

4. **Vender artículos raros y únicos**: A medida que avances, recolectarás artefactos daédricos, armas raras y artefactos únicos. Estos artículos suelen alcanzar precios elevados entre

coleccionistas y comerciantes, y muchos comerciantes los compran por importantes cantidades de oro. Además, algunas almas raras y artículos relacionados con misiones se pueden vender a NPC específicos para obtener grandes ganancias.

5. **Invertir en propiedad**: A medida que avances en las misiones, podrás comprar casas en varios lugares de Cyrodiil. Las casas se pueden utilizar como almacenamiento, pero también se pueden alquilar para obtener una fuente constante de ingresos pasivos. Esto es especialmente útil si buscas ingresos de oro a largo plazo mientras trabajas en misiones secundarias o en la historia principal.

6. **Acepta trabajos bien remunerados:** Ciertas misiones ofrecen altas recompensas en oro. Por ejemplo, las misiones de gremio, como las del Thieves Guild o Fighters Guild, proporcionan pagos sustanciales. Prioriza estas misiones para ganar recompensas sustanciales y desbloquear opciones más lucrativas.

Agricultura de recursos: cómo recolectar ingredientes, hierbas y otros materiales para artesanía y alquimia

El cultivo de recursos es una parte esencial de Oblivion, ya que te permite recolectar ingredientes para la alquimia, la artesanía y otras especializaciones. Reunir materiales de la naturaleza y cosecharlos puede mejorar enormemente tu juego, ahorrándote dinero y mejorando tu eficiencia.

Ingredientes y materiales de alquimia.

1. **Identificar ingredientes comunes**: Los ingredientes de alquimia se pueden encontrar en todo el mundo de Cyrodiil. Los ingredientes comunes como Nirnroot, Redwort Flowers y Glowing Mushrooms se pueden recolectar de plantas y hierbas

que encuentres durante tu exploración. Estos se pueden combinar para crear pociones poderosas como Restore Health o Fortify Magicka.

2. **Ingredientes específicos de la granja:** Se requieren algunos ingredientes para tipos específicos de pociones, como Fire Salts o Frostbite Spider Venom. Estos ingredientes raros se pueden cultivar cazando criaturas específicas que los arrojan al morir, como las arañas Frostbite para obtener veneno. Presta atención a lo que arrojan los enemigos para maximizar tu potencial para hacer pociones.

3. **Reuniéndose en la naturaleza:** Utilice su mapa para planificar viajes de exploración para recolectar recursos. Las áreas con densa vegetación, bosques y ruinas son excelentes para encontrar una amplia gama de ingredientes alquímicos. Esté atento a las parcelas agrícolas en los asentamientos donde puede recolectar hierbas como ginseng o raíz de mandrágora.

4. **Cultivo de hierbas**: Hay lugares agrícolas en todo el mundo, como Skingrad o Bruma, donde puedes encontrar granjas que producen hierbas. Estas áreas agrícolas son excelentes para almacenar hierbas e ingredientes. Estos ingredientes suelen tener usos específicos que pueden no ser obvios al principio, por lo que es aconsejable llevar una lista o un mapa de qué hierbas combinan bien para la elaboración.

Materiales de elaboración para armaduras y armas.

1. **Fundir y forjar**: Para fabricar armaduras o armas, necesitarás recolectar materiales como lingotes de hierro, lingotes de acero y mineral de ébano. Estos materiales se pueden obtener extrayendo minerales que se encuentran en cuevas, minas o fundiendo armas y armaduras no deseadas para convertirlas en materiales de

elaboración.

2. **Ubicación de la minería de mineral**s: Se pueden encontrar vetas de mineral comunes cerca de asentamientos mineros o mazmorras, donde encontrarás grandes nodos de hierro, cobre y acero. Fúndelos para convertirlos en materiales utilizables para crear mejores armas y armaduras.

Las mejores formas de ganar oro: estrategias para ganar dinero rápidamente: desde vender botín hasta administrar negocios

Hacer oro rápidamente en Oblivion es crucial para mejorar el equipo de tu personaje, comprar propiedades y adquirir objetos raros. Esta sección explora las mejores estrategias para producir oro rápidamente, desde vender botín hasta administrar su propio negocio.

Saqueo y venta de artículos

1. **Botín de mazmorras y cuevas**: Saquea siempre todo lo que esté a la vista. Los enemigos, cofres y habitaciones ocultas suelen contener valiosos botines, que van desde objetos mágicos hasta artefactos raros. Estos se pueden vender a comerciantes de ciudades y gremios de aventureros.

2. **Vender artículos valiosos**: Esté atento a los artículos únicos y raros que pueden no ser de uso inmediato pero que pueden venderse por un precio elevado. Las armas daédricas y las armaduras encantadas son buenos ejemplos. No descuides el valor potencial de artículos que al principio parecen inútiles.

Dirigiendo negocios

1. **Tiendas abiertas en las ciudades:** Una vez que tenga suficiente dinero, podrá comprar y administrar su propia propiedad, que puede utilizarse para proyectos comerciales. Inicie una tienda y venda sus artículos elaborados o pociones de alquimia para generar un flujo constante de oro. Este ingreso pasivo le ayudará a acumular riqueza con el tiempo.

2. **Únete a gremios**: Las misiones del gremio pueden recompensarte con importantes pagos de oro. Por ejemplo, el Gremio de ladrones brinda oportunidades para robar artículos de alto valor y venderlos, mientras que el Gremio de magos te recompensa con oro por recolectar ingredientes alquímicos raros.

Cómo evitar errores comunes: trampas para principiantes y consejos avanzados para prevenir desastres

Ya seas un principiante o un jugador experimentado, Oblivion ofrece una serie de trampas y errores que pueden ralentizar tu progreso o incluso hacerte perder recursos valiosos. Aquí hay algunos errores comunes y cómo evitarlos:

Errores para principiantes

1. **Sobre encumbrance**: Uno de los errores más comunes que cometen los jugadores es llevar demasiado botín. El exceso de carga hace que te muevas más lento y puede ser una molestia al viajar. Sea siempre consciente de su inventario y venda artículos que no se ajusten a su estructura. Considere guardar su botín en una casa o en un cofre si necesita recolectar más sin sobrecargarse.

2. **Ignorando misiones secundarias:** Si bien la historia principal es emocionante, las misiones secundarias suelen ofrecer valiosas recompensas y experiencia. Ignorarlos puede dejarte sin nivel o perdiéndote equipo valioso y misiones que agregan más contenido al juego.

3. **No invertir en habilidades:** Ciertas habilidades, como Alquimia, Encantamiento y Furtivo, pueden hacerte la vida mucho más fácil. No te concentres únicamente en las habilidades de combate; invierta en estas otras áreas para hacer que las misiones de recolección, elaboración y sigilo sean más eficientes.

Consejos avanzados

1. **Usa magia y sigilo juntos:** Combinar magia y sigilo puede proporcionar una ventaja significativa en batallas difíciles. Usa hechizos de invisibilidad o camaleón para acercarte sigilosamente a los enemigos y realizar devastadoras puñaladas por la espalda o ataques a distancia sin ser detectado.

2. **Mantenga su carácter equilibrado:** Es fácil especializarse en un área del combate o de la magia, pero tener un carácter equilibrado es la clave para la supervivencia. Asegúrate de desarrollar defensa física y habilidades mágicas para complementar tu constitución y evitar ser vulnerable en cualquier situación.

3. **Dominar los viajes rápidos:** Utilice los viajes rápidos a su favor para moverse rápidamente entre ubicaciones importantes y reducir el tiempo de viaje. Sin embargo, asegúrese de tomarse el tiempo para explorar las áreas entre los puntos de viaje rápido en busca de tesoros y misiones escondidos.

Dominar las diversas mecánicas de Oblivion Remastered puede mejorar significativamente tu experiencia de juego, ahorrándote tiempo y esfuerzo. Ya sea que estés buscando subir de nivel rápidamente, ganar oro de manera eficiente, reunir recursos para la elaboración o evitar errores comunes, estos consejos y trucos te ayudarán a convertirte en un aventurero más efectivo y eficiente en Cyrodiil. Desde administrar su inventario y administrar negocios hasta usar la alquimia y encantar para obtener mejores armas, existen innumerables formas de mejorar su rendimiento general. Con las estrategias adecuadas, estarás preparado para afrontar cualquier desafío que se te presente en Oblivion Remastered.

CAPITULO 10

TÉCNICAS Y ESTRATEGIAS DE COMBATE AVANZADAS

Uso avanzado de magia: combinación de magia y combate físico, colocación de trampas y uso de magia en encuentros complejos

En Oblivion Remastered, la magia es una de las herramientas más poderosas a tu disposición y dominarla puede mejorar significativamente tus habilidades de combate. Los jugadores avanzados saben que la magia no se trata sólo de lanzar hechizos, sino de integrar la magia con el combate físico para crear un luchador equilibrado y versátil. Esta sección profundiza en cómo combinar magia y combate físico, usar magia para colocar trampas y navegar en encuentros complejos donde el lanzamiento de hechizos puede inclinar la balanza a tu favor.

Combinando magia y combate físico

Combinar magia con combate cuerpo a cuerpo o combate a distancia es una de las formas más efectivas de aumentar tu capacidad de supervivencia y el daño producido en la batalla. En muchos casos, la magia puede mejorar el combate físico proporcionando ventajas, desventajas e incluso daño elemental que apunta a las debilidades del enemigo.

1. **Mejoras mágicas para el combate cuerpo a cuerpo:**
   Una de las mejores formas de mejorar tu combate cuerpo a cuerpo es usar hechizos de mejora antes de entrar en batalla. Por ejemplo, usar el hechizo Fortificar fuerza aumentará tu producción de daño y Fortificar salud te permitirá absorber más daño. Los hechizos de escudo, que aumentan tu defensa, pueden darte ventaja en batallas cuerpo a cuerpo prolongadas contra jefes poderosos o grandes grupos de enemigos.

- **Hechizos recomendados**: Fortalecer la fuerza, Fortalecer la salud, Escudo, Resistir fuego/Resistir magia, Mejoras de resistencia.

2. **Magia elemental para mejorar el daño del arma:**
   Combinar tu espada o hacha con magia elemental te permite infligir daño adicional en combate. Por ejemplo, los hechizos de daño por fuego se pueden lanzar junto con los golpes de espada, lo que provoca daño con el tiempo a medida que el fuego quema a los enemigos. El daño de escarcha puede ralentizar a los enemigos, dándote la oportunidad de realizar ataques adicionales sin temor a represalias.

- **Combinación de ejemplo**: Lanza Flare (Magia de fuego) e inmediatamente sigue con un ataque de espada o hacha. El daño del hechizo de fuego continúa quemando al enemigo, mientras que tus ataques cuerpo a cuerpo causan daño adicional.

3. **Hechizos de conjuración para invocar aliados:**
   La conjuración puede cambiar significativamente el equilibrio en el combate al invocar Daedra, Atronachs o armas invocadas. Estas invocaciones pueden servir como distracciones o ayudar a infligir daño. Usar Conjure Flame Atronach o Conjure Storm Atronach te permite crear distracciones que mantienen a los enemigos ocupados mientras infliges daño a distancia o apuñalas

por la espalda en un combate sigiloso.

- **Estrategia recomendada:** Invoca a un Príncipe Daédrico o Atronach antes de entrar en batalla con un jefe. La criatura convocada se enfrentará a tu objetivo mientras te curas y atacas desde una distancia segura.

4. **Debilitar a los enemigos con magia:**
   La magia no es sólo para atacar: es una herramienta poderosa para reducir la efectividad de tu enemigo. El daño por congelación o shock puede ralentizar a los enemigos, la debilidad al fuego puede preparar a los enemigos para recibir daño adicional y Paralyze puede congelarlos en su lugar durante unos segundos críticos.

- **Hechizos clave:** Debilidad al fuego, Debilidad al veneno, Paralizar, Drenar salud y Drenar magia.

5. **Consejo de combate: sincronización y eficiencia:**
   La clave para combinar magia y combate físico es el tiempo. No desperdicies Magicka lanzando demasiados hechizos a la vez; usa hechizos eficientes en Magicka que complementen tu estilo de lucha. La curación, las desventajas y las ventajas deben usarse estratégicamente para maximizar su efectividad.

Colocar trampas usando magia

La magia se puede utilizar para colocar trampas, especialmente en áreas donde los enemigos están agrupados. Ciertos hechizos pueden crear peligros ambientales que atraen a los enemigos a trampas, lo que facilita mucho tu trabajo.

1. **Trampas de fuego:**
   Lanzar Fireball o Flame Rune puede crear trampas de fuego en

las que los enemigos entrarán. Una vez activada, la trampa causa un daño de área masivo a los enemigos cercanos, lo que la hace muy efectiva en el control de multitudes.

- **Hechizos recomendados:** Runa de llamas, Bola de fuego, Tormenta de fuego, Escudo de fuego.

2. **Trampas de escarcha:**
   Los hechizos de daño por escarcha ralentizan a los enemigos y, cuando se combinan con hechizos de área de efecto, puedes atrapar a varios enemigos en un solo lugar. El Frost Atronach también puede servir como un tanque duradero, congelando a los enemigos en su lugar mientras lanzas hechizos adicionales o participas en combates cuerpo a cuerpo.

- **Hechizos recomendados**: Congelación, Viento Frío, Invocación de Atronach Escarcha.

3. **Trampas de parálisis:**
   Usa hechizos de Paralizar o Parálisis en un grupo de enemigos y prepáralos para dar golpes finales cuerpo a cuerpo. También puedes usar trampas mágicas o trampas impactantes para paralizar y causar daño inmediato cuando se combinan con golpes de espada o tiros de arco.

4. **Trampas ambientales:**
   Algunas ubicaciones de Oblivion tienen terrenos peligrosos como lava, trampas y barreras mágicas. El uso de hechizos de Levitar o Caminar sobre el agua puede permitirte crear distracciones atrayendo enemigos a estos entornos.

Tácticas de sigilo: dominar la invisibilidad, apuñalar por la espalda y usar trampas a tu favor

El sigilo en Oblivion Remastered puede ser una técnica de combate muy eficaz, que permite a los jugadores eliminar objetivos incluso antes de que sepan que estás allí. Dominar la invisibilidad, las puñaladas por la espalda y las trampas es esencial para los personajes basados en el sigilo. Esta sección cubre las técnicas avanzadas que te ayudarán a derrotar enemigos sin ser detectado.

Dominar la invisibilidad

1. **Usando la invisibilidad para matar sigilosamente:**
   La invisibilidad es una de las herramientas más poderosas en una construcción basada en el sigilo. La invisibilidad te permite pasar junto a los enemigos y posicionarte para recibir puñaladas por la espalda o incluso saquear sin ser detectado. Sin embargo, ten en cuenta que cualquier acción como lanzar hechizos, blandir un arma o incluso abrir cofres puede romper el efecto.

   • **Mejores prácticas:** Antes de iniciar el combate, utiliza hechizos de Invisibilidad o Camaleón para acercarte a tu objetivo sin ser detectado. Usa Backstab para causar un daño masivo y retírate inmediatamente a otra habitación o sombra antes de que alguien pueda detectarte.

2. **Camaleón vs. Invisibilidad:**
   Mientras que la invisibilidad te hace completamente indetectable, Chameleon reduce tu visibilidad en un porcentaje. Utilice Chameleon para duraciones más largas de sigilo, lo que le permitirá permanecer oculto a plena vista durante un período prolongado, especialmente durante misiones de sigilo.

Puñalada por la espalda: el ataque sigiloso definitivo

1. **Ataques furtivos:**
   Para maximizar el daño de tus ataques furtivos, debes pasar desapercibido. Usa la habilidad Furtivo y concéntrate en los puntos ciegos de los enemigos para situarte detrás de ellos. Una vez detrás del enemigo, usa una puñalada por la espalda con una daga o una espada para matar instantáneamente a la mayoría de los enemigos de nivel inferior.

- **Consejo:** Un hechizo de Silencio combinado con Invisibilidad te da la capacidad de moverte sin ser detectado mientras realizas la puñalada por la espalda. Esto funciona de maravilla en espacios reducidos como mazmorras o castillos.

2. **Armas óptimas para el sigilo:**
   Las mejores armas para matar sigilosamente son las dagas, ya que te permiten realizar ataques rápidos y letales con un alto nivel de daño. Armas como la Navaja de Mehrunes son especialmente poderosas para ataques sigilosos, con la posibilidad de matar enemigos instantáneamente al golpear.

3. **Usando veneno:**
   Si apuñalar por la espalda por sí solo no es suficiente, el veneno es una excelente adición a tu arsenal de sigilo. Aplicar veneno a tus armas te permite infligir daño con el tiempo. Combina veneno con invisibilidad para obtener un combo poderoso que garantiza la muerte sin ser detectado.

Trampas para el sigilo

1. **Trampas envenenadas:**
   Usa veneno en trampillas o cables trampa para crear trampas ocultas que causan daño cuando los enemigos se acercan. Las

flechas y ballestas envenenadas debilitarán a los enemigos con el tiempo, convirtiéndolos en blancos fáciles para apuñalar por la espalda.

2. **trampa mágicas:**
   Como mago o personaje híbrido, usa hechizos Flame Rune o Frostbite para colocar trampas mágicas. Estas trampas son especialmente útiles en pasillos estrechos, donde los enemigos no pueden escapar del daño del área de efecto.

Doble empuñadura y tiro con arco: cómo combinar dos armas o usar arcos para dominar en combate

El uso de dos armas y el tiro con arco ofrecen a los jugadores la capacidad de sobresalir tanto en combate cuerpo a cuerpo como en ataques a distancia, lo que los hace muy efectivos en una amplia gama de situaciones de combate. Comprender las estrategias de doble empuñadura y tiro con arco te dará una ventaja tanto contra objetivos individuales como contra grandes grupos de enemigos.

Doble empuñadura: combinación de dos armas para obtener el máximo daño

1. **Cómo funciona la doble empuñadura:**
   El uso de dos armas te permite equipar un arma en cada mano, lo que te permite atacar dos veces en rápida sucesión. Sin embargo, la doble empuñadura tiene sus desventajas, principalmente la incapacidad de bloquear o usar un escudo.

- **Consejo:** Equipa dagas o espadas ligeras para una velocidad de ataque rápida, lo que te permitirá encadenar ataques rápidamente. Las mazas o hachas de doble empuñadura ofrecen golpes más lentos pero más poderosos.

2. **Las mejores armas para empuñar dos armas:**
   Para empuñar dos veces, las dagas o espadas funcionan mejor. La Mehrunes Razor y la Glass Dagger son excelentes opciones, ya que causan un daño masivo con cada golpe y te permiten encadenar ataques rápidamente.

Tiro con arco: dominación del combate a distancia

1. **Los mejores arcos para tiro con arco:**
   El tiro con arco es una forma ideal de atacar a los enemigos desde la distancia. El Arco de Cristal es una de las mejores armas a distancia para matar sigilosamente, pero el Arco Daédrico ofrece el mayor daño para ataques de largo alcance. Utilice flechas envenenadas para aumentar el daño con el tiempo.

2. **Francotiradores y posicionamiento:**
   Francotirador te permite infligir daño desde una gran distancia mientras te mantienes fuera del alcance del enemigo. Instálelo en un terreno elevado, en árboles o detrás de edificios para obtener una toma perfecta y evitar ser detectado.

Ataques combinados: los mejores combos de ataques y cómo encadenarlos para obtener el máximo daño

La clave para maximizar tu daño en Oblivion Remastered radica en dominar los ataques combinados. Combinar ataques físicos con magia o habilidades adicionales puede permitirte abrumar a tus enemigos rápidamente.

Ataques combinados cuerpo a cuerpo

1. **Golpes rápidos + golpes fuertes:**
   Comienza con un arma ligera y rápida (como una daga o una espada corta) para causar daño rápido y continúa con un golpe

fuerte (usando una maza o un hacha de batalla) para causar un daño significativo. Este combo funciona bien para configuraciones cuerpo a cuerpo.

2. **Golpe de poder + Bola de fuego:**
   Una excelente manera de combinar la magia con el combate cuerpo a cuerpo es realizar un golpe de poder con tu arma y luego seguirlo con una bola de fuego de la magia de Destrucción para acabar con el enemigo. Este combo puede abrumar rápidamente a los enemigos que tienen mucha salud.

Ataques combinados a distancia

1. **Flechas envenenadas + Puñalada por la espalda:**
   Combina un disparo de flecha envenenada con una puñalada por la espalda para maximizar el daño y dejar a tu objetivo vulnerable. Esto funciona mejor en misiones sigilosas y cuando te enfrentas a enemigos que no son conscientes de tu presencia.

2. **Fuego a distancia + ataques físicos:**
   Usa Fireball o Flame Rune para debilitar a los enemigos antes de acabar con ellos con ataques cuerpo a cuerpo o a distancia. Este combo no solo maximiza el daño sino que también te permite debilitar grupos de enemigos antes de acercarte a matar.

Dominar técnicas de combate avanzadas en Oblivion Remastered te convertirá en una fuerza a tener en cuenta en Cyrodiil. Ya sea que combines magia y combate físico, perfecciones tus tácticas de sigilo, domines con dos armas o uses el tiro con arco para controlar el campo de batalla, existen innumerables formas de mejorar tu efectividad en la batalla. Saber cuándo usar combos, trampas y magia te permitirá vencer incluso a los jefes y enemigos más duros, asegurando tu éxito en el mundo de Tamriel.

CAPITULO 11

DLC Y CONTENIDO ADICIONAL

Shivering Isles: guía completa del contenido descargable Shivering Isles, que incluye recorridos de misiones, jefes y nuevas áreas

El DLC Shivering Isles para Oblivion Remastered ofrece una de las expansiones más singulares y alucinantes de la serie. Transporta a los jugadores al reino caótico y esquizofrénico de Sheogorath, donde las leyes de la realidad no siempre se aplican y la locura reina. En este capítulo, profundizaremos en el DLC Shivering Isles, cubriendo su historia, misiones, nuevas áreas y cómo se integra con el juego principal.

Historia e introducción

Las Islas Temblorosas son un reino gobernado por el Príncipe Daédrico de la Locura, Sheogorath. Al iniciar el DLC, los jugadores son convocados por un mensajero loco en Cyrodiil que los dirige a Shivering Isles, una tierra dividida en dos regiones distintas: Mania y Dementia. El protagonista es elegido por el propio Sheogorath para ayudarlo a restablecer el equilibrio en el reino después de un evento catastrófico que involucró el fallecimiento de la personalidad anterior del ex Madgod, Jyggalag, el Príncipe Daédrico del Orden.

El reino está sumido en el caos y Sheogorath necesita ayuda, lo que lleva al jugador a involucrarse profundamente en las batallas políticas y metafísicas de Shivering Isles. Como Campeón de Sheogorath, el protagonista navegará por la locura y el desorden de esta extraña tierra, realizando tareas que parecen absurdas o surrealistas según los estándares mortales.

Tutorial de la línea de misiones

La historia principal de Shivering Isles consta de cuatro misiones principales, cada una dividida en múltiples objetivos. Aquí hay un desglose paso a paso de las misiones esenciales que forman la progresión del DLC:

1. El plan enloquecedor

Objetivo: Ayuda a Sheogorath en la selección de un nuevo Canciller de Mania.

- **Ubicaciones clave:** El Palacio de Mania, la franja de las Islas Tembloras.

- **Descripción general**: Sheogorath te asignará la tarea de resolver la tensión política entre las dos mitades de Shivering Isles, donde conocerás a figuras clave como Thadon (el duque de Mania) y Ardarell (el duque de Dementia). Esta línea de misiones introduce la importancia del equilibrio entre los dos reinos, y la influencia del protagonista pronto será crítica en el destino de Shivering Isles.

2. La creciente amenaza

Objetivo: Investiga y lidia con el caos ordenado causado por Jyggalag, el rival de Sheogorath.

- **Ubicaciones clave**: El Crisol, El Laberinto de la Locura.

- **Descripción general:** El alguna vez equilibrado reino de Sheogorath comienza a perder su identidad caótica mientras Jyggalag intenta imponer su rígido orden en la tierra. Debes viajar a través de retorcidas mazmorras, derrotar a los seguidores heréticos de Jyggalag y descubrir las misteriosas causas detrás de este trastorno. Tus elecciones aquí empezarán a influir en la decisión final de Sheogorath con respecto al destino de Shivering Isles.

3. La Casa de la Manía

Objetivo: Restaura la paz entre las dos facciones en guerra, Mania y Dementia, enfrentándote a los rivales Duke of Mania y Duke of Dementia.

- **Ubicaciones clave:** La Casa de la Manía, La Casa de la Demencia.

- **Descripción general**: Después de resolver los principales conflictos políticos, el jugador entra en un conflicto final entre las dos facciones. Esta misión tiene muchas opciones, ya que los jugadores decidirán el destino de las familias gobernantes del Reino de Sheogorath. Cada acción aquí influye en su recompensa y la naturaleza de los eventos finales.

4. La locura en aumento

Objetivo: Derrota a Jyggalag en una batalla épica y restablece el equilibrio en Shivering Isles.

- **Ubicación claves**: El corazón de las Islas Temblorosas, El trono de la locura.

- **Descripción general**: El enfrentamiento final con Jyggalag es intenso y requiere que el protagonista utilice todos los poderes y alianzas adquiridos. La misión culmina con una pelea épica contra Jyggalag, donde te enfrentarás a la encarnación del Orden en medio de la locura de Sheogorath. Dependiendo de cómo manejaste las misiones anteriores, el resultado podría cambiar drásticamente y ganarás recompensas de acuerdo con tus elecciones.

Nuevos jefes y enemigos

- **Jyggalag**: Jyggalag, el jefe supremo del DLC, encarna lo opuesto a la naturaleza caótica de Sheogorath. Es un Príncipe Daédrico del Orden, cuyo objetivo es traer estabilidad a Shivering Isles, eliminando así la locura. Es formidable en combate y empuña una poderosa espada que causa efectos devastadores en el jugador.

- **El santo dorado y Dark Seducer**: Dos subjefes importantes en Shivering Isles que encarnan la dualidad del reino. Los Golden Saints luchan con precisión, mientras que los Dark Seducers utilizan tácticas engañosas e ilusorias en el combate.

Nuevas áreas y zonas

- **Manía**: Esta región vibrante y llena de color es el hogar de los habitantes más excéntricos y artísticos de Shivering Isles. El área está marcada por altas agujas, colores brillantes y criaturas imaginativas.

- **Demencia**: Más oscura, más sombría y misteriosa, Dementia es una tierra de pensamientos retorcidos, donde acechan extrañas criaturas. La atmósfera aquí es más oscura, apropiada para los habitantes más paranoicos y neuróticos.

DLC Knights of the Nine: línea de misiones y recompensas específicas de esta expansión

El DLC Caballeros de los Nueve presenta una facción completamente nueva, los Caballeros de los Nueve, una orden de caballeros sagrados que buscan restaurar el legado del Divino Cruzado y derrotar a las fuerzas del mal que amenazan a Tamriel. Esta expansión permite a los jugadores ponerse en las botas de un guerrero sagrado, obteniendo reliquias divinas y artefactos divinos a través de una línea de misiones épica impulsada por la rectitud.

Tutorial de la línea de misiones

1. **El camino del peregrino**

- **Objetivo:** Embárcate en el viaje para restaurar el orden perdido de los Caballeros de los Nueve.
- **Ubicación claves:** Templo del Gobernante de las Nubes, Las Nueve Reliquias.
- **Descripción general**: La misión comienza cuando aprendes sobre los Caballeros de los Nueve, una orden que alguna vez protegió a Tamriel pero que desde entonces ha caído en caos. Para restaurar el orden, el jugador debe recuperar las nueve reliquias sagradas de Pelinal Whitestrake, el ex líder de los Cruzados. Estas reliquias están esparcidas por Cyrodiil y cada una viene con una serie de tareas, incluidas batallas contra enemigos poderosos.

2. **Las reliquias del cruzado**
- **Objetivo:** Recupera las nueve reliquias sagradas asociadas con Pelinal Whitestrake.
- **Ubicación claves:** Las Nueve Reliquias, Ruinas Ayleid, Templos.

- **Descripción general**: Como parte de esta línea de misiones, profundizarás en las ruinas de Ayleid, te enfrentarás a enemigos no-muertos y resolverás acertijos relacionados con el Cruzado Divino. Cada reliquia proporciona no sólo un objeto poderoso, sino también importantes beneficios para tu personaje, incluidas armaduras, armas y mayor salud o magia.

3. La batalla final

- **Objetivo:** Enfréntate a las fuerzas del mal que amenazan con destruir a los Caballeros de los Nueve y al propio Tamriel.

- **Ubicaciones clave:** El Templo de los Divinos, Palacio del Cruzado.

- **Descripción general**: Una vez que hayas recogido las nueve reliquias, debes regresar al Templo Cloud Ruler y prepararte para una batalla final con las fuerzas del mal. En la pelea definitiva, lucharás contra un grupo de Señores Daédricos y sus secuaces, y deberás empuñar la espada de Pelinal Whitestrake para derribarlos.

Recompensas y artículos

- **Reliquias de la Cruzada Divinar**: Recolectar las nueve reliquias te dará acceso a la Armadura del Cruzado Divino, un poderoso conjunto de armadura que aumenta tu defensa y proporciona habilidades únicas en combate.

- **Espada del Cruzado Divino:** Una espada legendaria, la Espada de Pelinal, capaz de causar un daño masivo. Se vuelve indestructible una vez que completas la batalla final.

Contenido descargable y modificaciones: cómo mejorar Oblivion con modificaciones para gráficos, misiones y cambios en la jugabilidad

Las modificaciones son una de las mejores formas de extender la vida útil de Oblivion Remastered, agregando contenido nuevo, actualizando gráficos y ajustando la jugabilidad para adaptarla a tus preferencias. A continuación te explicamos cómo mejorar tu juego con modificaciones.

Cómo instalar modificaciones

1. **Descargar un administrador de modificaciones**: Primero, necesitarás un administrador de mods como Nexus Mod Manager (NMM) u Oblivion Mod Manager (OBMM). Estas herramientas facilitan la descarga, instalación y administración de modificaciones.

2. **Encontrar modificaciones:** Sitios web como Nexus Mods o Planet Elder Scrolls ofrecen miles de modificaciones. Las categorías incluyen modificaciones de gráficos, misiones, nuevas facciones, ajustes de juego y correcciones de errores.

3. **Instalación:** Una vez que descargues los mods, simplemente usa tu administrador de mods para instalarlos. Es posible que algunas modificaciones requieran que las cargues en el archivo Oblivion.ini o las coloques en la carpeta Datos.

Mods recomendados para mejorar Oblivion

1. **Extensor de gráficos Oblivion (OBGE):** Mejora la iluminación, las sombras y los efectos visuales, haciendo que el juego parezca mucho más moderno. Mejora significativamente la calidad visual y hace que el mundo de Cyrodiil sea más

147

inmersivo.

2. **Paisajes Únicos:** Este mod agrega paisajes nuevos y detallados al mundo, incluidos ríos, montañas y otros cambios de terreno que hacen que el mundo se sienta más vibrante y habitado.

3. **Modificaciones de misión:** Hay muchas modificaciones basadas en misiones que ofrecen horas de juego adicional. Las modificaciones populares incluyen The Lost Spires y Knights of the Nine Revisited, que introducen nuevas misiones, personajes e historias que se integran perfectamente en el juego base.

4. **Armas y armaduras inmersivas:** Este mod agrega cientos de nuevas armas y piezas de armadura al juego, creando más diversidad y opciones para tu personaje. Estos nuevos elementos se pueden encontrar en todo el mundo o elaborarse utilizando recursos.

5. **Olvido recargado:** Un mod que mejora el rendimiento del juego, mejora la velocidad de fotogramas y optimiza el rendimiento en hardware moderno.

Los DLC Shivering Isles y Knights of the Nine ofrecen contenido increíble y único para Oblivion Remastered que expande el mundo e introduce nuevas mecánicas de juego. Ya sea que estés adentrándote en el caótico mundo del reino de Sheogorath o buscando restaurar a los legendarios Caballeros de los Nueve, ambas expansiones ofrecen líneas de misiones profundamente interesantes, encuentros gratificantes y fantásticos elementos nuevos. Además, las modificaciones te permiten personalizar y mejorar aún más tu experiencia, ofreciendo infinitas posibilidades de mejoras visuales, contenido nuevo y mejoras en el juego. Acepta estas expansiones y modificaciones para experimentar plenamente todo lo que Oblivion Remastered tiene para ofrecer.

CAPITULO 12

GUÍAS PARA JUEGOS ESPECÍFICOS

Guía Speedrun: Cómo completar Oblivion lo más rápido posible

Speedrunning es un desafío divertido para jugadores experimentados que quieran completar Oblivion lo más rápido posible. Este tipo de juego se trata de optimizar el movimiento, la ruta de las misiones y la toma de decisiones eficiente para minimizar el tiempo dedicado a acciones innecesarias. Speedrunning es una habilidad que requiere un conocimiento profundo de la mecánica del juego, los atajos y la ruptura de secuencias. A continuación, cubriremos cómo completar Oblivion lo más rápido posible, con un enfoque específico en las rutas de búsqueda, el uso de fallas técnicas y las técnicas para ahorrar tiempo.

Primeros pasos: preparación para el Speedrun

Antes de comenzar tu speedrun, es esencial saber qué tipo de categoría de speedrun estás buscando. Los speedruns de Oblivion suelen clasificarse en algunas categorías:

- **Cualquier% de velocidad de carrera:** Esta es la carrera más rápida en la que completas los objetivos principales y evitas misiones innecesarias. El objetivo es terminar el juego lo más rápido posible, independientemente de si se completa al 100% o del contenido secundario.

- **100% carrera rápida:** Esto implica completar todas las misiones, recolectar todos los elementos y lograr todos los logros en el menor tiempo posible.

- **Speedrun de misión principal:** La historia principal de Oblivion es el enfoque principal en esta categoría, sin completar misiones secundarias, DLC u objetivos innecesarios.

Para un speedrun, el objetivo principal es minimizar los tiempos de carga y evitar distracciones. Aquí hay estrategias clave:

Construcción de personaje óptima para Speedrunning

Elegir la estructura de personaje adecuada es esencial para reducir el tiempo durante la carrera. La siguiente versión es ampliamente considerada como la mejor para correr rápido en Oblivion:

- **Carrera:** Elija Breton para Resistir Magia y altas habilidades iniciales en Restauración (útil para curar).

- **Clase:** Clase personalizada enfocada en Destrucción y Atletismo. La destrucción ayuda a lidiar con los enemigos rápidamente y el Atletismo aumenta tu velocidad de movimiento. No es necesario que te concentres en las habilidades cuerpo a cuerpo o de artesanía.

- **Signo de nacimiento**: Los signos de nacimiento del Guerrero o El Ladrón funcionan mejor, ya que otorgan un impulso adicional de fuerza o agilidad, mejorando tanto el movimiento como la eficiencia del combate.

Estrategias clave de carrera rápida

1. **Evitar misiones secundarias innecesarias:**
   Para completar el juego lo más rápido posible, debes evitar las

misiones secundarias y concentrarte en la línea de misiones principal. La línea de misiones principal se puede completar en muy poco tiempo si sigues una ruta específica y te saltas objetivos secundarios largos.

2. **Saltarse el tutorial:**
   Sáltate el tutorial de la Prisión Imperial. Esto se hace usando un error de carga (si corresponde) o simplemente corriendo directamente hacia la salida de la mazmorra. Al utilizar los comandos de la consola, puedes omitir toda la secuencia de la prisión.

3. **Optimización de viajes rápidos:**
   Utilice los viajes rápidos con prudencia para minimizar los tiempos de viaje. Cuando viaje entre ciudades y mazmorras, asegúrese de utilizar los marcadores del mapa más cercanos a su próximo objetivo. En algunas categorías de speedrun, la manipulación de los marcadores del mapa permite una navegación aún más rápida.

4. **Uso de fallos:**
   Algunos corredores de velocidad utilizan fallos, como la duplicación de elementos, la interrupción de secuencias o el recorte de objetos, para saltarse secciones del juego. Fallos como el fallo de Fortune's Favor (para duplicar elementos) se pueden usar para generar una gran cantidad de oro o elementos clave de la manera más rápida posible.

5. **Combate eficiente:**
   Usa magia de destrucción para despachar a los enemigos lo más rápido posible. Apunta a grupos de enemigos con hechizos AoE y usa bolas de fuego o hechizos de escarcha para eliminar obstáculos. Además, puedes saltarte ciertas peleas usando

hechizos de Invisibilidad o Paralizar.

6. **Salto del jefe final:**
   No necesitas luchar contra todos los jefes. Durante la misión final en el Templo del Uno, puedes evitar a la mayoría de los enemigos usando la invisibilidad y la manipulación de la velocidad. Este método omite las secciones de las misiones finales que consumen más tiempo, lo que te permite completar el juego lo más rápido posible.

Ruta de carrera rápida:

- **Comenzar:** Sáltate el tutorial de la prisión imperial y dirígete directamente hacia Martin Septim en Cloud Ruler Temple.

- **Saltar Misiones:** Evite objetivos secundarios como Fighters Guild o Mage Guild. Prioriza las misiones de la historia principal.

- **Utilice viajes rápidos y fallos:** Viaja rápidamente a ubicaciones clave y aprovecha los fallos para superar objetivos difíciles.

- **Segmento final:** Salta el combate siempre que sea posible usando magia y termina la batalla final en el Templo del Único con un compromiso mínimo.

Si sigues estas estrategias, podrás completar el juego en menos de 4 horas para un Any% Speedrun.

Tutoriales de juegos de roles: tutoriales diseñados en torno a roles específicos, como jugar como ladrón, mago o guerrero

En Oblivion Remastered, uno de los placeres del juego radica en la capacidad de interpretar y personalizar a tu personaje para que se adapte

152

a una variedad de estilos de juego. Ya sea que quieras ser un ladrón sigiloso, un mago poderoso o un guerrero tanque, cada estilo de juego ofrece desafíos y recompensas únicos. A continuación, desglosaremos los tutoriales de juegos de rol para tres de las configuraciones más populares: Ladrón, Mago y Guerrero.

Juego de rol de ladrón: sigilo, forzar cerraduras y robar

Jugar como un ladrón en Oblivion enfatiza el sigilo, abrir cerraduras y robar. Podrás escabullirte de los enemigos, apuñalar por la espalda a objetivos desprevenidos y robar PNJ para obtener un valioso botín.

Comenzando la construcción:

- **Carrera**: Khajiit o Argonian: ambas razas tienen bonificaciones de sigilo y mayor agilidad.

- **Clase:** Personalizado basado en el sigilo, centrándose en las habilidades de sigilo, abrir cerraduras, acrobacias y seguridad.

- **Signo de nacimiento:** El Ladrón: aumenta tu suerte y mejora tu sigilo.

Habilidades clave:

- **Sigilo**: Concéntrate en la habilidad Furtivo para pasar desapercibido. Usa hechizos de invisibilidad y camaleón para evitar a los enemigos.

- **Robo de carteras:** Concéntrate en mejorar Pickpocket para robar objetos valiosos de los NPC sin que se den cuenta. Puedes ganar oro rápidamente a través de esta habilidad.

- **Abrir cerraduras:** Mejora tu habilidad para abrir cerraduras para acceder a cofres y cajas fuertes que contienen botines de alto valor.

- **Apuñalar por la espalda**: Acércate siempre por detrás para realizar una puñalada por la espalda. Usa dagas o flechas envenenadas para matar rápidamente.

Estrategia de línea de misiones:

- Empiece por centrarse en misiones que requieran sigilo y subterfugios, como las misiones del Gremio de Ladrones y la Hermandad Oscura.

- Usa una armadura envuelta para camuflarse entre las sombras y evitar la confrontación. Mejora tu velocidad de movimiento y altura de salto con Acrobacias.

Juego de roles de mago: dominar la magia, lanzar hechizos y conjurar aliados

Ser mago ofrece un estilo de juego completamente diferente, en el que dependerás en gran medida de los hechizos para enfrentarte a los enemigos, apoyar a los aliados y manipular el entorno.

Comenzando la construcción:

- **Carrera**: Bretón o Altmer (alto elfo): ambos tienen excelentes estadísticas mágicas y resistencia a Magicka.

- **Clase**: Personalizado basado en Destrucción, Conjuración, Restauración y Alteración.

* **Signo de nacimiento:** El mago: aumenta tu magia y tu inteligencia.

Habilidades clave:

* **Magia de destrucción:** Concéntrate en hechizos de fuego, escarcha y shock para infligir daño. Combínalos con Invocar Atronachs o Daedra para obtener potencia de fuego adicional.

* **Conjuración:** Invoca aliados poderosos como Atronachs o Daedric Lords para que te ayuden en la batalla. Las armas atadas también son útiles para los magos que prefieren no llevar armas físicas.

* **Restauración:** Cúrate a ti mismo y a los demás con hechizos de Restauración. Esto te ayudará a mantenerte con vida durante las batallas largas.

* **Modificación:** Utilice Escudo y Paralizar para proporcionar utilidad y control de multitudes. La telequinesis es útil para agarrar objetos a distancia.

Estrategia de línea de misiones:

* Únete al gremio de magos para desbloquear poderosos hechizos y recursos. Comience aprendiendo magia básica en el gremio antes de abordar hechizos más poderosos como Invocar a Daedric Lords.

* Concéntrate en Destrucción y Conjuración para infligir daño y convocar aliados poderosos, mientras que Restauración te garantiza que puedas curarte durante peleas prolongadas.

Juego de roles de guerrero: fuerza, combate y tanque

El papel del guerrero tiene que ver con el combate, ya sea que empuñes espadas, mazas o hachas. Como guerrero, tu atención se centrará en el combate cuerpo a cuerpo, el tanque y la supervivencia en encuentros difíciles.

Comenzando la construcción:

- **Carrera:** Imperial o Nord: ambas razas proporcionan alta fuerza y resistencia, esenciales para una construcción estilo tanque.

- **Clase**: Personalizado basado en Blade, Block, Heavy Armor y Armorer.

- **Signo de nacimiento**: El guerrero: aumenta tu fuerza y resistencia.

Habilidades clave:

- **Bloquear**: Maximiza tus habilidades de bloqueo para mitigar el daño. Usa un escudo para absorber los golpes y protegerte.

- **Armadura pesada**r: Usa la armadura más pesada disponible para absorber más daño y permanecer en primera línea.

- **Hoja/Romo**: Especialízate en la lucha con espada o hacha, según tu preferencia por la velocidad o el daño.

- **Armero:** Mejora tus armas y armaduras con habilidades de Armero para hacerlas más duraderas.

Estrategia de línea de misiones:

- Concéntrate en las misiones del Fighters Guild para construir tu reputación en combate.

- Acepta misiones que requieren combate en lugar de sigilo o magia para aumentar tu rango y tus recompensas.

- Usa la alquimia para crear pociones curativas y asegurarte de que puedas sobrevivir en largas batallas.

100% de finalización: guía para aquellos que desean lograr todos los logros, misiones y objetos coleccionables

Para los jugadores que quieran explorar cada rincón de Oblivion Remastered y completarlo al 100%, esta guía proporcionará los pasos y estrategias necesarios para desbloquear cada logro, completar cada misión y encontrar todos los objetos coleccionables.

Principales objetivos para su cumplimiento al 100%

1. **Finalización de la historia principal:** Completa la línea de misiones principal para salvar a Tamriel de la invasión daédrica y derrotar a Mehrunes Dagon. Completar la historia principal es el primer paso importante en tu camino hacia la finalización al 100%.

2. **Completa la misión de todas las facciones**: Asegúrate de terminar todas las líneas de misiones específicas de cada facción, incluidas:

   - **Gremio de magos**
   - **Gremio de luchadores**
   - **Gremio de ladrones**

157

○ **Hermandad Oscura**

3. **Contenido descargable:** No te pierdas el DLC Shivering Isles y el DLC Knights of the Nine. Completarlos proporcionará misiones, jefes y artefactos únicos adicionales que contribuirán al porcentaje de finalización.

4. **Misiones secundarias y tareas diversas:** Completa todas las misiones secundarias, desde simples misiones de búsqueda hasta aventuras complejas y ocultas. Estas misiones suelen proporcionar objetos raros y habilidades especiales.

5. **Coleccionables:** Busca todos los libros, artefactos, objetos raros y artefactos daédricos. Cada coleccionable se suma a tu finalización al 100%.

Ya sea que estés corriendo rápido para terminar Oblivion Remastered lo más rápido posible, jugando un rol como ladrón, mago o guerrero, o aspirando a completarlo al 100%, el juego ofrece infinitas oportunidades de personalización y exploración. Seguir guías específicas para cada estilo de juego te ayudará a mejorar tu experiencia y maximizar tus logros, mientras desbloqueas todos los secretos que Oblivion tiene para ofrecer. ¡Feliz aventura!

APÉNDICE

Este glosario proporciona definiciones y explicaciones de términos clave en Oblivion Remastered, incluidas facciones, hechizos, mecánicas y más. Sirve como un recurso útil tanto para jugadores nuevos como para veteranos experimentados que buscan actualizar sus conocimientos del juego.

Ayles – Una antigua civilización élfica que una vez gobernó partes de Cyrodiil. Muchas de sus ruinas se encuentran esparcidas por todo el territorio y sus artefactos son muy apreciados.

Alquimia – Una mecánica de juego que permite a los jugadores combinar varios ingredientes para crear pociones con efectos mágicos. La alquimia es crucial para restaurar la salud, mejorar atributos o aplicar ventajas y desventajas.

Atletismo – Una habilidad que afecta tu capacidad para correr más rápido y aumentar tu resistencia. Importante para carreras rápidas y para viajar rápidamente por el mundo.

Conjuración – Una escuela de magia que permite invocar criaturas, armas y diversos objetos mágicos para ayudar al jugador en la batalla. Los hechizos comunes incluyen Invocar a Atronach y Invocar a Daedric Lord.

Príncipes daédricos – Poderosas entidades daédricas que gobiernan diferentes aspectos de la realidad. Los ejemplos incluyen Sheogorath, el Príncipe de la Locura, y Molag Bal, el Príncipe de la Dominación.

facciones – Organizaciones que ofrecen misiones y beneficios a sus miembros. Las facciones principales incluyen el Gremio de Ladrones, el Gremio de Magos, el Gremio de Luchadores y la Hermandad Oscura.

Gremios: facciones especializadas que se centran en áreas específicas de especialización. Los miembros pueden progresar de rango completando misiones específicas del gremio.

Subir de nivel – Una mecánica de juego central donde los jugadores aumentan las estadísticas y habilidades de sus personajes completando misiones, luchando contra enemigos o entrenando con NPC. Cada nivel requiere que te concentres en las principales habilidades y atributos.

Escuelas de Magia – Las escuelas primarias de magia en Oblivion, cada una de las cuales ofrece hechizos y habilidades distintos. Las escuelas incluyen Destrucción, Restauración, Alteración, Ilusión y Conjuración.

Islas temblorosas – La expansión DLC que introduce al jugador en el reino de Sheogorath, el Príncipe Daédrico de la Locura. Shivering Isles consta de dos áreas: Mania y Dementia, cada una con su propio entorno y desafíos distintos.

Sigilo – Una mecánica de juego que permite al jugador moverse sin ser detectado. Es fundamental para completar partidas de ladrones y asesinos, e incluye habilidades como apuñalar por la espalda, robar carteras y abrir cerraduras.

Invocar – Un hechizo o habilidad que permite al jugador convocar aliados, criaturas u objetos para luchar junto a ellos. Las invocaciones comunes incluyen Daedric Lords, Atronachs y Bound Weapons.

Guerrero – Una construcción de personaje centrada en el combate que enfatiza el combate físico, la fuerza y la defensa. Las habilidades comunes para los guerreros incluyen espada, armadura pesada, bloque y armero.

Lista de logros: un desglose de todos los logros y cómo desbloquearlos

Oblivion Remastered presenta una variedad de logros que recompensan a los jugadores por completar tareas, misiones y desafíos específicos a lo largo del juego. A continuación se muestra un desglose de los logros clave y cómo desbloquearlos.

1. **Héroe de Cyrodiil**
   Descripción: Completa la línea de misiones principal y salva a Tamriel de la invasión de la Puerta del Olvido.
   Cómo desbloquear: Termina la misión principal y cierra las Puertas del Olvido.

2. **Maestro de los gremios**
   Descripción: Completa las líneas de misiones del Gremio de luchadores, el Gremio de magos, el Gremio de ladrones y la Hermandad Oscura.
   Cómo desbloquear: Completa las líneas de misiones principales de todos los gremios y conviértete en el líder de cada uno.

3. **Salvador daédrico**
   Descripción: Completa todas las misiones daédricas y obtén todos los artefactos daédricos.
   Cómo desbloquear: Completa cada misión dada por los Príncipes Daédricos, recoge sus artefactos.

4. **Conquistador de las Islas Temblorosas**
   Descripción: Completa el DLC Shivering Isles y salva el reino de Sheogorath.
   Cómo desbloquear: Termina la historia principal del DLC Shivering Isles.

5. **Campeón de los Nueve**
   Descripción: Completa el DLC Caballeros de los Nueve y restaura a los Caballeros de los Nueve.
   Cómo desbloquear: CCompleta la línea de misiones de los Caballeros de los Nueve y recupera todas las reliquias sagradas.

6. **Maestro Alquimista**
   Descripción: Crea 50 pociones en el juego.
   Cómo desbloquear: Crea 50 pociones usando ingredientes encontrados en la naturaleza o comprados a comerciantes.

7. **Eterno**
   Descripción: Completa el juego sin morir.
   Cómo desbloquear: Completa la historia principal y todas las misiones secundarias sin morir, incluidas las peleas contra jefes y las misiones peligrosas.

8. **Cuaderno del aventurero**
   Descripción: Recoge todos los libros raros repartidos por Cyrodiil.
   Cómo desbloquear: Localice todos los libros únicos en mazmorras, ciudades y ubicaciones de gremios.

9. **Maestro del sigilo**
   Descripción: Completa con éxito una misión sin ser detectado.
   Cómo desbloquear: Completa una misión en la que necesites pasar desapercibido, como una misión de la Hermandad Oscura o un robo al Gremio de Ladrones.

10. **Conquistador daédrico**
    Descripción: Derrota a todos los Príncipes Daédricos y sus secuaces.
    Cómo desbloqueark: Participa y derrota todas las misiones daédricas, desbloqueando los artefactos que ofrecen.

Índice: referencia rápida para encontrar cualquier tema cubierto en la guía

El índice a continuación sirve como referencia rápida para encontrar información específica o temas cubiertos a lo largo de la guía.

- ○ Gremio de luchadores: 23, 56

- ● METRO
  - ○ Misión principal: 10, 30, 70

  - ○ Magia: 15, 25, 45
  - ○ Combate cuerpo a cuerpo: 22, 40
  - ○ Modificación: 82, 90

Apéndice: códigos de trucos, comandos de consola y elementos desbloqueables

En Oblivion Remastered, los jugadores tienen acceso a códigos de trucos, comandos de consola y la capacidad de desbloquear contenido oculto a través del juego o comandos. Aquí, exploraremos los códigos de trucos y los comandos de la consola que pueden modificar el mundo del juego, generar elementos o desbloquear contenido oculto.

Contenido desbloqueable: cómo desbloquear contenido secreto, incluidos conjuntos de armaduras, NPC y misiones

El contenido desbloqueable en Oblivion Remastered incluye conjuntos de armaduras poco comunes, NPC y misiones que están ocultas en todo el mundo o que se activan mediante comandos de la consola. Estos incluyen:

1. **Conjuntos de armaduras únicos:** Usa los comandos de la consola para desbloquear Daedric Armor, Knight's Armor y Glass Armor.

2. **PNJ:** Ciertos NPC, como The Gray Fox o Mysterious Strangers, se pueden desbloquear completando misiones específicas o usando comandos de la consola.

3. **Misiones ocultas:** Ciertas misiones daédricas están ocultas hasta que se activan mediante acciones específicas. Los jugadores también pueden desbloquear contenido DLC de Shivering Isles o Knights of the Nine mediante el uso de comandos.

Para desbloquear contenido, use estos comandos en la consola:

- player.additem [código de artículo] [cantidad]

- player.addnpc [código NPC]

- player.addquest [código de misión]

Comandos de la consola: Comandos avanzados para modificar el juego o agregar elementos a su inventario

Los comandos de la consola te permiten alterar la mecánica del juego, modificar NPC y agregar elementos directamente a tu inventario. Aquí hay algunos comandos avanzados que pueden usarse para mejorar tu juego:

1. player.additem [ID del artículo] [cantidad]
   Este comando agrega cualquier artículo a su inventario. Por ejemplo, utilice jugador.additem 0009b61b 1 para agregar el Anillo de Hircine a tu inventario.

2. player.addspell [ID de hechizo]
   Este comando te permite agregar cualquier hechizo a tu libro de hechizos. Por ejemplo, jugador.addspell 0005d3f1 agregará el hechizo Invisibilidad a tu arsenal.

3. jugador.setlevel [nivel]
   Utilízalo para configurar instantáneamente tu personaje en cualquier nivel. Ejemplo: jugador.setlevel 50 subirá de nivel a tu

personaje al nivel 50.

4. jugador.addgold [cantidad]
   Añade oro a tu inventario. Ejemplo: jugador.addgold 1000 Te
   daré 1000 de oro.

5. ellos
   Alterna el Modo Dios, haciéndote invulnerable al daño.

6. coc [ubicación]
   Teletransportate a cualquier lugar del juego. Ejemplo: coc kvatch
   te teletransportará a Kvatch.

Este apéndice cubre los términos clave, logros y comandos de consola
que te ayudarán a mejorar tu experiencia en Oblivion Remastered. Ya sea
que estés desbloqueando contenido secreto, modificando el juego con
los comandos de la consola o simplemente buscando una guía de
referencia rápida, esta sección proporciona información esencial para
que tu viaje por Tamriel sea aún más gratificante. Mantén esto a mano
mientras exploras Cyrodiil, completas misiones y desbloqueas los vastos
tesoros y secretos que el juego tiene para ofrecer.

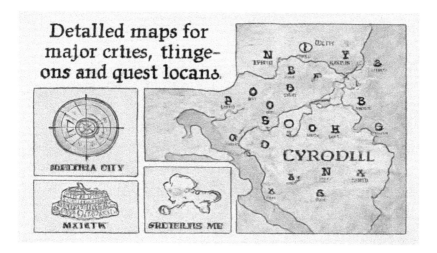

CONCLUSIÓN

Oblivion Remastered se erige como una entrada monumental en la serie Elder Scrolls, celebrada por su libertad en el mundo abierto, su narración dinámica y sus intrincadas mecánicas de juego. Desde el momento en que ingresas al mundo de Cyrodiil, te encuentras con una gran amplitud de exploración, lo que te permite crear tu propio camino en un mundo de fantasía en expansión. Las misiones, los elementos de juego de rol y la construcción de personajes siguen siendo algunos de los aspectos más divertidos del juego, y ofrecen posibilidades casi infinitas sobre cómo abordar tanto la historia principal como el contenido secundario.

Los elementos más divertidos de Oblivion Remastered son su flexibilidad y su rica progresión de personajes. Los jugadores pueden sumergirse en el juego como mago, ladrón, guerrero o híbrido, mientras toman decisiones críticas que influyen en el resultado de las misiones. Ya sea que elijas concentrarte en el combate, la magia o el sigilo, cada estilo de juego ofrece una experiencia única. La exploración abierta significa que no hay dos partidas iguales, e incluso después de completar la misión principal, el mundo de Tamriel todavía atrae con infinitos secretos por descubrir.

Una de las cualidades más importantes que mantiene vivo a Oblivion Remastered en los corazones de los fans es su rejugabilidad. Cada nuevo juego puede ser muy diferente dependiendo de tus elecciones, raza, signo de nacimiento y enfoque de habilidades. Las misiones varían en enfoque y resultado, y con múltiples expansiones DLC como Shivering Isles y Knights of the Nine, siempre hay algo nuevo que experimentar, incluso para los jugadores experimentados.

Oblivion Remastered sigue siendo un título influyente en la serie Elder Scrolls, allanando el camino para futuras entregas. Su rica historia, NPC dinámicos y construcción de mundos inmersiva prepararon el escenario para los queridos títulos que siguieron, particularmente Skyrim. Pero incluso con su edad, Oblivion ocupa un lugar especial por su mecánica de juego innovadora, historias épicas y personajes inolvidables.

Qué sigue para la serie The Elder Scrolls: una mirada al futuro de los títulos futuros de Elder Scrolls y lo que los fanáticos pueden esperar

El futuro de la serie Elder Scrolls parece increíblemente prometedor, con Elder Scrolls VI anunciado oficialmente pero aún por lanzarse. Los fanáticos han esperado ansiosamente un nuevo capítulo de la serie desde el lanzamiento de Skyrim en 2011, y aunque los detalles permanecen en gran medida en secreto, podemos anticipar varios elementos clave.

Es probable que Elder Scrolls VI se base en los principios de mundo abierto establecidos en Oblivion y Skyrim, con gráficos, construcción de mundos y mecánicas de juego mejorados. Los desarrolladores de Bethesda han superado constantemente los límites de la narración interactiva y la inmersión ambiental, por lo que podemos esperar que la próxima entrega ofrezca un mundo vibrante y expansivo con nuevas facciones, misiones y opciones de personajes.

Una expectativa importante para Elder Scrolls VI es un mayor enfoque en la diversidad de opciones. Oblivion fue innovador en la personalización de sus personajes, y es probable que Elder Scrolls VI se expanda aún más en este aspecto. Los jugadores pueden esperar un mundo más reactivo donde aún más decisiones a lo largo del juego dan forma no sólo a la historia, sino también al panorama político y las interacciones con los NPC.

Otra posibilidad es la integración de sistemas de combate y mecánicas mágicas más complejos, inspirándose en los sistemas refinados de Skyrim y al mismo tiempo implementando potencialmente nuevas tecnologías que mejoren el flujo del combate y la profundidad estratégica. Además, dado el éxito de los elementos multijugador en línea en The Elder Scrolls Online, los fanáticos pueden esperar ver algún tipo de interacción multijugador o elementos cooperativos, aunque eso sigue siendo especulativo.

El mundo de Tamriel es vasto, y mientras Oblivion se centró en Cyrodiil, Skyrim se centró en las regiones nórdicas, Elder Scrolls VI puede optar por aventurarse en nuevas tierras, presentando a los jugadores culturas, ciudades y desafíos completamente nuevos. Ya sea que regresemos a regiones familiares o exploremos algo completamente nuevo, hay mucha anticipación por lo que nos espera.

Mantener seguros sus archivos guardados: consejos para administrar archivos guardados, opciones de copia de seguridad y consejos de modificación

A medida que profundizas en Oblivion Remastered y exploras el vasto mundo, un aspecto clave a considerar es guardar tu progreso y asegurarte de no perder los logros que tanto te costó ganar, especialmente si estás usando mods o manejando múltiples partidas. A continuación se ofrecen algunos consejos para administrar archivos guardados, realizar copias de seguridad de ellos y aprovechar al máximo su experiencia de modificación.

Administrar archivos guardados

1. **Guarde con frecuencia:** Si bien Oblivion hace un gran trabajo al guardar automáticamente, siempre es una buena idea guardar manualmente tu progreso en puntos clave, especialmente antes de encuentros de combate difíciles o al tomar decisiones críticas en misiones. Mantenga siempre múltiples espacios para guardar para diferentes puntos del juego. Esto le permite volver a una partida guardada diferente si algo sale mal (como un error o un error).

2. **Crear copias de seguridad: copia de seguridad** sus archivos guardados con regularidad. Esto es especialmente crucial si estás usando mods, ya que ciertos mods pueden causar problemas de compatibilidad o fallas. Para asegurarse de no perder su progreso, copie sus archivos guardados en una unidad externa o almacenamiento en la nube. En la PC, los archivos guardados generalmente se encuentran en la carpeta Documentos/Oblivion/Guardados.

3. **Utilice un administrador de archivos guardados**: Hay herramientas y modificaciones de terceros disponibles que pueden ayudarle a organizar sus archivos guardados e incluso realizar copias de seguridad automáticas de ellos. Estas herramientas brindan un mejor control sobre su sistema de guardado, evitando que sobrescriba avances importantes.

Consejos de modificación

1. **Leer siempre la descripción del mod**s: Antes de instalar mods, lea atentamente la descripción del mod en plataformas como Nexus Mods. Los modders suelen proporcionar información esencial sobre compatibilidad, instrucciones de instalación y parches necesarios.

2. **Usar administrador de modificaciones**s: Instalar múltiples mods puede ser complicado, especialmente cuando los mods alteran los mismos archivos del juego. El uso de un administrador de mods como Nexus Mod Manager (NMM) u Oblivion Mod Manager (OBMM) permite una fácil instalación, organización y eliminación de mods sin alterar directamente los archivos del juego. Esto reduce el riesgo de dañar sus archivos guardados.

3. **Utilice parches de compatibilidad**: Cuando se utilizan múltiples mods, pueden ocurrir conflictos de mods. Para solucionar este problema, busque parches de compatibilidad que puedan ayudar a que diferentes mods funcionen juntos. Existen grandes foros comunitarios donde los modders discuten problemas de compatibilidad y sugieren soluciones.

4. **Pruebe nuevas modificaciones en un nuevo guardado:** ISi estás probando nuevas modificaciones, siempre es una buena idea probarlas primero en un nuevo archivo guardado. Esto evita posibles problemas que podrían surgir de los archivos guardados existentes. Algunas modificaciones pueden romper partes del juego o provocar fallos que afecten tu progreso.

5. **Tenga cuidado con los mods con muchos scripts**s: Algunas modificaciones realizan cambios significativos en los guiones y la mecánica del juego, lo que puede afectar la estabilidad del juego. Si planeas instalar un mod con muchos scripts, como mods que mejoran el combate o la IA del juego, asegúrate de que sea compatible con tu lista de mods actual y haz una copia de seguridad de tus archivos guardados de antemano.

6. **Instalar Mods para inmersión**: Oblivion Remastered tiene una sólida comunidad de modders que han creado contenido fantástico para mejorar los gráficos, el sonido y la historia del juego. Mods como Unique Landscapes, Oblivion Reloaded y Better Cities revisan el entorno para hacerlo más inmersivo y visualmente atractivo.

Al administrar sus archivos guardados de manera eficiente, realizar copias de seguridad con regularidad y usar las modificaciones con cuidado, puede garantizar una experiencia de Oblivion Remastered fluida y agradable. Ya sea que estés explorando el vasto mundo de Tamriel o mejorando tu aventura con contenido nuevo, tener control sobre tus partidas guardadas y modificaciones puede marcar la diferencia.

Oblivion Remastered sigue siendo un clásico atemporal en el género de los juegos de rol y ofrece un mundo expansivo lleno de oportunidades de exploración, combate y crecimiento de personajes. Desde la atractiva historia principal hasta las infinitas posibilidades de juegos de rol, modificaciones y expansiones DLC, el juego es rico en contenido que se puede disfrutar durante cientos de horas. Ya sea que estés corriendo rápido, asumiendo desafíos de juegos de rol o aspirando a completar el 100%, Oblivion Remastered ofrece un nivel notable de libertad y rejugabilidad.

Mientras miramos hacia el futuro de la serie Elder Scrolls, los fanáticos pueden esperar mundos aún más expansivos y mecánicas innovadoras que se basan en el legado de Oblivion. Ya sea que regreses a Tamriel para jugar de nuevo o te sumerjas en modificaciones para vivir una nueva experiencia, Oblivion Remastered sigue siendo un testimonio del poder de los juegos de rol de mundo abierto.

www.ingramcontent.com/pod-product-compliance
Lightning Source LLC
La Vergne TN
LVHW022346060326
832902LV00022B/4266